决胜高中关键期

专业规划+学习提升+志愿填报

李子乾 著

中国铁道出版社有限公司
CHINA RAILWAY PUBLISHING HOUSE CO., LTD.

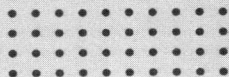

U0650105

图书在版编目（CIP）数据

决胜高中关键期：专业规划+学习提升+志愿填报/李子乾
著. —北京：中国铁道出版社有限公司，2023.6
ISBN 978-7-113-30179-8

Ⅰ.①决… Ⅱ.①李… Ⅲ.①高中生-家庭教育②高考-经验
Ⅳ.①G782②G632.474

中国国家版本馆 CIP 数据核字（2023）第 069371 号

书　　名：决胜高中关键期：专业规划+学习提升+志愿填报
JUESHENG GAOZHONG GUANJIANQI：ZHUANYE GUIHUA+XUEXI
TISHENG+ZHIYUAN TIANBAO
作　　者：李子乾

责任编辑：陈晓钟　　　　　　　　读者热线：(010)51873697
封面设计：仙　境
责任校对：苗　丹
责任印制：赵星辰

出版发行：中国铁道出版社有限公司（100054，北京市西城区右安门西街8号）
印　　刷：天津嘉恒印务有限公司
版　　次：2023 年 6 月第 1 版　　2023 年 6 月第 1 次印刷
开　　本：880 mm×1 230 mm　1/32　印张：6.5　字数：130 千
书　　号：ISBN 978-7-113-30179-8
定　　价：58.00 元

序

有规划的生涯是蓝图，没规划的生涯是拼图

生活就像一连串选择叠加的集合，选择读什么样的学校，做什么样的工作，跟什么样的人结婚，在哪座城市生活……最后就组成了人生。

我不是人生导师。

从 2018 年到现在，我一直通过社群、读书会以及线下讲座等渠道帮助来自全国各地的中学生和中学生家长，帮他们解决升学及学习方面的各种问题。2019 年，我学习了全套的生涯理论，研发了适合高中生的生涯课程，截至目前，已帮助 3 000 多个孩子选择了学校和专业。2021 年，我开始通过抖音、快手等视频号为更多中学生和家长答疑。

咨询中，很多问题每年都被学生和家长一遍遍地问起。比如：怎么选科？该不该参加强基计划？该不该听父母的建议报考某某大学？孩子消极面对学业该怎么办？

孩子面对自己的人生道路是迷茫的，父母面对孩子人生道路上的选择也是迷茫的、纠结的。

家长总想让孩子赢在起跑线上，那么如何赢呢？

实际上大部分家长都是盲从的，为了让孩子赢在起跑线上，给孩子报各种辅导班和兴趣班。别人家的孩子学钢琴，我的孩子也要学；别人家孩子考了 99 分，我的孩子就应该考 100 分……这就是心理学上所说的"从众效应"。

这些容易从众的家长，他们不会选择，不敢坚持选择，不断选择……即使孩子分数很高，还是会焦虑，还是会迷茫，甚至最终影响孩子。

有没有什么办法能从根本上帮助他们？中学生的父母需要的其实是真正能帮他们打开思维，帮助孩子在关键三年走好这段路的具体方案与方法。

给没有方向的父母只是提供建议是不够的，还得提供正确的方法和落地方案，否则他们可能会因为建议没法落地而变得更焦虑、更迷茫。

对于很多父母来说，孩子人生中第一件重要的事就是考大学。高考是孩子人生中最重要的选择之一。

高考不仅承接了一个孩子多年的苦读，而且承载了一个家庭的期盼，也决定了他接下来三四年的生活。

为了帮助孩子顺利度过高中，从容面对高考，父母需要帮孩子做一套系统的生涯规划。生涯规划不仅可以帮我们搞清楚高中三年每一次面临的选择，从而不遗漏任何一个信息，而且还能教会孩子如何科学地选择，如何理性地思考。

在这本书中，我想分享一些实用的方法来帮助高中关键期的孩子和家长,这本书的定位是一个行动指南,不是心灵鸡汤,更不是建议。

作为一名咨询师,我发现很多没有做生涯规划的孩子会踩各种各样的坑,比如:

(一)孩子足够努力,但是没有选对方向。

有的孩子努力学习却仍然没有进入重点高中,但是比他成绩差的同学通过体育特长生降分进入了重点高中;有的孩子努力学习走了专科的时候,比他分数还低的同学,凭借国家二级运动员,通过体育单招进入了优秀院校;有的孩子目标是当一名医生,可填志愿时才发现并不能选择……

(二)孩子找不到学习的动力和人生的意义。

有的孩子虽然上了好大学,却沉迷于打游戏。在长期的压迫式学习下,很多孩子只有短期目标,认为考上大学就可以了,到了大学旷课、玩手机,最终浪费了时间和生命。只有帮助孩子找到目标和人生意义,孩子才会有源源不断的动力。

(三)只知道努力,不知道分析。

正常情况本科四年、硕士三年、博士四年,寒窗苦读十一年,有的孩子通过分析缩短了上学年限,本科两年、硕士一年、博士三年,六年完成全部学业;有的孩子辛辛苦苦复读了三年,最终却被录取到了第一年考上的大学;有的孩子准备当医生,到了大学才知道这个专业只能配眼镜。

·············

做咨询久了，每年上面的各种情况都在重复上演，都是跌倒了迷茫了，才想起来是不是应该做一个生涯规划。

本书的职责和我的任务，就是帮助孩子们提前做好生涯规划，提供切实可行的方法和案例帮助孩子走好人生中关键的三年。

做生涯规划的目的就是"利用规律，放大努力"。人们总以为成功的关键是努力，却忽略了努力才能成功的前提是正确的选择。如果方向错了，那么越努力离目标越远。获得百倍收益的关键，并不是百倍的努力，而是正确的选择。上一所好大学是目标，高考只是一条升学路径。上哪一所大学？读哪一个专业？如何在高考中发挥孩子的最大优势？这些是家长应该尽早思考的。有些孩子，其实在初三就可以大概分析出他们能上什么大学了。一味逼孩子努力去做自己不擅长的事情，不仅会消磨孩子的斗志，打击孩子的自信心，甚至还会导致亲子关系破裂。与其逼着孩子努力，父母更应该帮助孩子分析，分析还有没有更适合孩子的方式，比如可以选择多元的升学途径，适合走科研的孩子可以走"强基计划"，英语分数比较差的孩子可以学小语种……生涯规划的价值就在于当你和孩子面对选择时，它会给出科学合理的分析，帮你和孩子提前规划出一条可实施、可落地的路径，使你们面对岔路口时可以有理由、有依据地从容选择。

如果没有规划，每一次面临选择都举棋不定，匆忙应对，那么结果可想而知。人生就像各个选择组成的集合体,方向正确,宏伟蓝图最终才可能变为现实。

高考是人生的一个关键节点。勤奋和努力,是为了有选择的权利,而提前做好生涯规划,可以帮我们找到更适合自己的选择。

本书一共分为六个部分:

第一部分谈到了如何做好选择,解决了在人生的关键期,在新高考的趋势下,如何帮孩子做出适合自己的学业规划,找到自己的人生价值,以及如何规避高中三年风险的问题。

第二部分谈到了如何过好高中三年生活,并且给出了具体实用的方法和案例。

第三部分主要解决了孩子心理上的问题。高中孩子会面对各种各样的问题,压力、情绪、竞争等,如何疏导孩子的心理?如何引导孩子管理自己的情绪?这一部分都做了详细的阐述和说明。

第四部分是人际交往。孩子谈恋爱了怎么办?遭遇校园欺凌又该如何处理?如何引导孩子解决交往中遇到的各种各样的问题是我们这一章的主要内容。

第五部分解决的是关于学习的问题。这是一个知识爆炸的时代,各种学习方法涌现,如何找到适合孩子自己的方法?如何快速帮孩子解决学习中的问题?答案在这一章都会提到。

第六部分解决的是高考结束,面对自己的高考成绩,如何填出一份适合自己的志愿，以及高考后续可能出现的一些问题。

最后我想提醒所有的读者：看书不能改变现状，思考也不能真正改变状态，真正能改变状态的是经过科学思考后的行动。

行动起来！这也是我写这本书最大的期待。

李子乾

2023 年 4 月

目　录

第一章

新高考，从学业规划开始

人生是可以规划的，而且从初中就可以开始规划。

现在这个时代，信息变多、思考变浅，机会变多、竞争跨界。在这样的环境下，只有真正了解并掌握孩子面临的关键信息，才能做出更适合孩子的选择。

机会越来越多，但选择越来越难，无论是进入高中选择不选择小语种，还是选科到底选什么组合，又或者是否选择出国留学等，这些都是前人走过的路。我们是要继续走前人的路，还是开辟新路，主要取决于对信息的判断和了解。

掌握关键信息，将更有利于做出适合孩子的选择。

第一节　新高考改革，到底改革了什么

父母想要做孩子学习和生活上的助手，仅仅看几篇文章，刷几个视频是远远不够的。碎片化的知识只能形成片面的认知，想要真

正成为孩子的帮手，需要系统地了解政策，分析政策背景，帮助孩子制定切实可行的生涯规划路线。

一、新高考改革背景

新高考改革的背景是什么？

2014年9月4日，国家关于考试招生制度改革的实施意见正式发布，这也是恢复高考以来最为全面和系统的一次考试招生制度改革。

从2014年入学新生开始，到2017年新高考政策落地，浙江和上海是第一批试点省市。第二批的北京、天津、山东、海南自2017年这届新生开始改革，到2020年新高考政策落地。2018年，广东、福建、湖南、湖北、重庆、江苏、河北、辽宁八个省市也陆续启动了新高考改革，到2021年实现新高考落地。2021年，黑龙江、甘肃、吉林、安徽、江西、贵州、广西启动新高考。2022年，山西、河南、陕西、内蒙古、四川、云南、宁夏、青海启动新高考。到2025年，实现新高考落地的省区市将达到29个。

实施新高考改革，是国家全面深化改革的一个重要战略方针。

2022年，高考录取率超过80%，有些省份超过90%，大学生的大众化，也决定了大学生不再是"天之骄子"。随着国家经济的发展，人们的生活水平不断提高，按照马斯洛需求层次理论来说，孩子们开始有了自我实现的需求。很多孩子在高中阶段苦读书，没有进行自我探索，没有生涯规划的意识，到了大学突然发现自己不适合这个专业，或者专业和大学能给的东西不是自己想要的。这个时候如果选择放弃或重来，成本是很高的。随着社会的进步，在科技高速发展的今天，父母要引导孩子由被动选择转变为主动选择。不同的孩子兴趣、能力、特长、价值观都不相同，要充分挖掘孩子的潜能，不能把所有孩子都放在一个模子里培养。要提前探索孩子喜欢什么、适合什么、擅长什么，从而有意识地锻炼孩子的职业意识，这是家长面对高考改革和社会进步必须要注意的。

父母在高考这个人生关键节点，要用发展的眼光看问题，要用新思维面对新时代。与此同时，父母也要洞察孩子未来面临的问题，明确孩子在求学路上将要遇到的问题，了解新高考改革的特点。

什么是新高考？

根据《国务院关于深化考试招生制度改革的实施意见》中提出的改革考试科目设置，为了增强高考与高中学习的关联度，考生总成绩由统一高考的语文、数学、外语三个科目成绩和高中学业水平考试的三个科目成绩组成。保持统一高考的语文、数学、外语科目不变、分值不变，不分文理科，外语科目提供两次考试机会。计入总成绩的高中学业水平考试科目，由考生根据报考高校要求和自身特长，在思想政治、历史、地理、物理、化学、生物科目中自主选择。

新高考改革主要围绕"文理不分科""科目3+3"来进行，而普通高校在录取时主要依据高考成绩和学业水平成绩，参考综合素质评价，即所谓的"两依据，一参考"来进行。总的来说，新高考主要分为"6选3""7选3""3+1+2"三种模式。

新高考改革中，外语科目考试有两次机会。

另外，在新高考省份，将不再分一本、二本、三本。也就是说，原来的一本、二本、三本将不复存在，所有高校几乎都在同一时间录取。这种情况下，对考生的挑战不再是看学校的身份选学校，而更应该关注学校的办学特色以及专业特色。

这也意味着高考志愿由原来的名校导向，慢慢转变为专业特色导向。

还有一点，关于计算分数，高考中由于选考科目的难度不同，考的分数不同，因而不便于对比，为了统计选考科目的成绩，新高考改革推出了等级赋分制度。

二、"6 选 3"模式

新高考改革不仅计算分数的方式发生了变化，而且计分科目也发生了变化，由原来的文理分科，变成了选科。

新高考改革中，选科的模式又被分为三大类，第一类是"6 选 3"。

"6 选 3"模式就是指，除语文、数学、外语三门必考科目外，从政治、历史、地理、生物、化学、物理六门科目中任意选取三门作为高考选考科目计入高考总分。

目前采用这种模式的省市有上海、北京、天津、山东、海南。

"6 选 3"的选科组合一共有 20 种，在这种模式下，学生可以充分选择自己喜欢的学科，大大增加了学生的自主选择权。

针对这种模式，高考志愿录取规则也发生了变化，专业录取规则由原来的"限文科、限理科、文理不限"三种，变成对选考科目是否限制的规则。

专业录取对科目限制主要有以下几种情况：

◇ 不提科目要求；

◇ 1门科目，考生必须选考才能报考；

◇ 2门科目，学生必须选考才能报考；

◇ 2门科目，学生选考其中一门就能报考；

◇ 3门科目，学生必须全选才能报考。

很多考生因为没有详细了解专业对选科的要求，在最终报志愿的时候造成了不可挽回的后果。比如有些孩子未来的梦想是当个医生，但是在高一选科的时候因为物理和化学不好，所以并没有选这两科，但这两科又是很多医学院校所必需的。最后高考分数出来了，无论再高的分数也学不了医学专业。

大部分学校在高一上学期期末左右进行选科。"6选3"模式下，任何一门科目都不是必选项，学习难度较大、涉及较多定律的物理，成为很多学生放弃的对象，形成了"弃物理现象"。

造成"弃物理现象"的另一大原因是新高考的等级赋分规则。比如浙江高考使用"赋分制"，意味着卷面分数并不是最终的高考成绩，而是要在所有报考学生成绩排名中评估卷面分，再给出最终分数。这就造成考生基数越小，赋高分的难度越大。而对于擅长物理的学生而言，物理是自己的必选项，也是拉开差距的主要渠道，但"赋分制"并不能将自己的优势充分体现出来，经过权衡后，这一部分学生也可能放弃物理。

"6选3"虽然极大程度上增加了学生选择的自主权，但也带来了因等级赋分制度出现的"弃物理现象"的功利博弈现象。为了解决这一问题，很多省市又推出了"3+1+2"模式。

三、"3+1+2"模式

"3+1+2"就是指除语文、数学、外语三门必考科目外，物理和历史里面选一个科目，然后再从生物、化学、政治、地理里任选两科。

这种模式由原来的20种组合改变为现在的12种组合，物理、历史这两门科目与其他科目分道扬镳。这样，学生和家长的选科难度显著降低。

目前在第三批之后进行新高考改革的省市，绝大多数采用的都是这种模式。比如河北、辽宁、江苏、福建、湖北、湖南、广东、重庆等。

"3+1+2"这个模式下，"3+1"都采用的是原始分，只有化学、生物、政治、地理中任选的两门采用等级赋分制。

针对这种模式，高考志愿录取规则也发生了变化，专业录取规则由原来的"限文科、限理科、文理不限"三种，变成对选考科目是否限制。

◇ 不提科目要求；

◇ 1门科目，考生必须选考才能报考（限物理、限历史）；

◇ 2门科目，学生必须选考才能报考（比如物理和化学、历史和政治等）；

◇ 3门科目，学生必须全选才能报考（比如物理、化学、生物）。

大学专业对选科要求的限制，使得家长在高一时就要帮助孩子做好规划。

四、"7 选 3"模式

"7 选 3"模式是浙江独有的一个模式，它在"6 选 3"的模式上，又增加了一门技术。也就是语文、数学、外语必选，在政治、历史、地理、物理、化学、生物、技术中任选 3 个当作选考科目。

浙江的高考模式与其他地方不同，有着自己的独特性，外语和选考科目可以考两次，取最优成绩。

语文、数学只有一次考试机会，考试时间在每年 6 月（仅限高三生），成绩当年有效。

外语有两次机会，时间在 1 月或 6 月，成绩当年有效。外语和选考科目成绩从两年有效改为当年有效，从 2021 年 1 月考试起实施。

外语首次考试"一考两用"，成绩既用于学业水平考试（学考），又用于高考。作学考用，其报考资格、考试日期、划等比例方法均与其他学考科目相同；其成绩与语文数学一样以卷面实际得分计入高考总分。两次考试的学考等级和计入高考的卷面得分均由学生选择一次使用。

3 门选考有两次机会，时间在每年 1 月或 6 月（仅限高三生），成绩当年有效。

所以每年 1 月份为浙江的小高考，很多学生采取的策略就是在这之前疯狂学习一门或者两门选考科目，考之后当作高考选考成绩，余下的时间突击其他科目。

其次，浙江还有自己独特的三位一体招生，为浙江学子多元录取打开了大门。

新高考的实施，一方面意味着让学生拥有更多的选择权，另一方面意味着从原来的名校驱动转变为现在的专业驱动。

新高考的实施带来的多元化选择，无疑也给父母和孩子带来不小的挑战。父母要提前思考孩子到底适合干什么、学习什么，赋分制度下隐藏了哪些坑等问题，避免孩子因选科不慎而造成巨大的遗憾。

可以这么说，选科就是选专业，就是选人生。

第二节　职业规划，通过未来看现在

有规划的志愿是蓝图，没有规划的志愿是拼图。人生只有一次，有没有职业规划，差别很大！

一、做与不做职业规划的人生，差别有多大

八年前念大学的时候，我的室友曾问我一些问题。他说："你为什么选这个专业？你知道这个专业是干什么的吗？你毕业了要去做什么？五年内有什么规划？想成为一个什么样的人？"

我被问得不知所措，于是脱口而出："现在距离毕业还有很久，世界每天都在变，大家才刚上大学，想那么多干什么！能考上这个大学（留学国外）的人还怕找不到工作吗？"

他无奈地笑了笑。

后来那位室友按照自己的规划一步步地走，考上了斯坦福的研究生，读了自己最喜欢的金融专业，在北京的外资银行工作了三年。前不久，他和女友领了证，邀请我参加他们的婚礼。

这个时候我才明白，原来自己走一步看一步的时候，别人早在好几年前就做好了未来规划。

同样在一个地方，人家的成长速度一年顶了自己好几年，当我还沉浸在"上了大学就可以好好玩了"这些毒鸡汤里时，别人已经努力考了雅思，准备备考 CFA。

有没有规划，短期内看不出什么差别，但可以肯定的是，在未来它定会慢慢拉开人与人之间的差距。大部分人的职业生涯也就短短 30 年左右，其实最重要的也就前 10 年。

工作前两年是职业发展的初期，有规划的人早早选择了去自己适合的行业发展，而没有想好的人只能选择"先就业，再择业"，也有一批人选择先读研再说。

工作到了第五年，差距开始逐渐显现，有些人在行业内积累了五年的经验，而有些人频繁换工作，已经不知不觉缺少了好几年的沉淀。很多没有规划的人在经历无数次迷茫后，内心已经彻底麻木，觉得人生就这样了，早早下了定义，未来可想而知。

工作第二年，我意识到规划的重要性，于是用一年时间探索，重新规划了自己的人生，做一名教育工作者，现在想想，我整整差开了三年。

二、通过未来看现在,职业定位多重要

我的学生小 D,当初高考 646 分,为了上名校,她在报志愿的时候被调剂到一个不适合的专业,然后单纯地认为上了名校就轻松了,自己也不知道学了这个专业未来能做什么,毕业时随大流签了一家制造业公司。

入职后,她发现环境恶劣,工作内容、性质和自己预期的完全不同,于是不到半年就辞职了。后来她又去了一家互联网公司,由于加班太多,她再次跳槽。她说她很迷茫,不知道什么工作适合自己。

小 D 的案例不是个例,无论是职场小白,还是职场老手,总有那么一段很迷茫、很纠结,找不到职业方向的阶段。追根究底,在读大学的时候就没有定好方向,或者方向不清晰,所以导致走了很多冤枉路。

为什么这么说呢? 如果一个人早早做职业定位,那么他就:

(1)有了求职方向。

(2)对所在行业有充分的了解以及合理的预期。

(3)有主见,在做选择的时候理性决策,而不是盲目跟风。

(4)知道需要学习什么知识,完善什么技能。

清晰的职业定位可以帮助我们:

(1)聚焦。在一个方向上,持久发展自己。很多人事业发展不顺不是因为能力不够,天赋不够,努力不够,而是因为选择了不合适的工作,把时间和精力用在了不适合自己的工作上,随着竞争加大

感觉后劲不足。

（2）聚能。集中精力和资源,把所有的能量用在培养竞争力上。定位精准,你就会善用自己的资源,集中精力发展,而不是多元化发展。很多人为了考证书而考证书,过度的精力分散会让人失去原有的优势。

（3）定势。职业走向如何,是由职业定位决定的。职业定位顺利与否,往往决定着今后几十年的职业走向;选择正确与否,决定着今后发展的后劲和高度。

决定职业方向最关键的因素就是专业的选择。高考结束后,最重要的任务就是报志愿,这个决定可能会改变孩子一生,家长必须慎重。

随着新高考的改革,家长必须明白,选科就是选专业,选科就是填志愿,所以要提前帮助孩子梳理出自己的职业目标。

家长在对比院校、专业、城市优先级的时候,应该优先考虑职业规划。通过未来看现在,用终局思维来思考问题。通过职业和专业的联系选择专业,这样通过逆向思维能更好地了解这个专业,思考这个专业未来的发展,进而科学做出选择。

三、没有特定兴趣，如何进行职业定位

高三刚毕业心智尚未成熟的孩子,他们经常会出现这几类情况:

- 对很多事情都感兴趣,但是往往三分钟热度,每种兴趣都无法坚持下去。

- 不切实际，沉溺于幻想，总对自己得不到够不着的东西感兴趣。

- 从小听父母话，按好学生路线成长的乖孩子，除了服从父母以外，完全不知道自己感兴趣的是什么。

就这三个常见类型的咨询，我们来探讨以下这三个问题：

- 兴趣是不是职业选择的第一决策因素？

- 如何识别伪兴趣？

- 除了兴趣，还有什么方法可以帮助孩子进行职业定位？

美国杜克大学行为经济学教授、《不理性的力量》的作者丹·艾瑞利曾经和他的同事组织过一个"乐高实验"。

这个实验的参与者都声称自己是"乐高迷"，他们被分成了 A 和 B 两组，两个小组规则几乎一样，每完成一个机器人都会有相应的奖励，唯一不同的是，A 组完成的机器人妥善保存，B 组在重组时称积木不够用，当面拆掉。

实验结果表明，A 组在积极性方面明显高于 B 组，绝大多数参与者表示还想玩，而 B 组绝大多数参与者表示下次不愿再参加这样的活动了。

回到"乐高实验"我们不难发现，A 组成员能够再次看到自己完整的作品，这让他们身心愉悦，同时还能获得一定的奖励，在内外双重驱动下，每个人都动力满满。

B 组则不同，他们费心搭好的积木经常被拆掉，这让他们体验不到成就感，虽然奖励和 A 组一样，但是 B 组成员失去了继续下去的意愿。

不难发现，即便在兴趣明确的前提下，如果一份工作无法给你带来足够的满足感，那么你根本没有意愿进行下去。除此之外，我们还发现，以兴趣为出发点的职业定位存在极其严格的条件和前提：首先，你要有一个明确的兴趣，并把这份兴趣变成职业，进而逐渐让你产生成就感，最后它还能引领你过上想要的生活。

综上所述，在职业选择中，兴趣无法成为职业定位的第一因素。

那如何辨别真伪兴趣呢？可以问孩子这几个问题：

* 围绕这个兴趣，你做过哪些走访和调查？

* 为了这个兴趣，你做过哪些尝试？你可曾在业余时间有过这方面的实践或者工作？那种体会是怎样的？你有继续下去的意愿吗？

* 如果围绕这一兴趣深耕细作，你打算用几年时间尝试？你认为最坏的结果是什么？你能接受这样的结果吗？

如果这三点孩子没有一点头绪，那么父母需要引导孩子仔细考量"兴趣"本身。想要把它变成"真兴趣"，这"灵魂三问"必须经历，如果经得住提问，依然不想放弃，这才是"真兴趣"。

对于很多没有兴趣和兴趣不明的孩子来说，我们不妨抛开兴趣这条思路，以优势来进行职业定位。通过分析自己擅长什么，在平时的表现中什么最突出，然后去匹配适合的行业，如此一来也能解决孩子的职业选择难题。

那么如何做呢？

（1）如何发现自我优势

优势是"做一件事时持续的、近乎完美的表现"。我们如何寻找自己的优势，识别自己的主要才干呢？可以从以下几方面着手。

- 渴望层面：不仅感兴趣，甚至特别着迷。

- 学得快：比起其他人，你学得更快。

- 满足：不需要理由，做和做完后感觉良好。

- 积极实践，形成反馈。

- 发现优势：从小到大，有没有学得很快，同时感觉学得特别好的技能？

- 确认优势：收集外界反馈，在他人眼里，你是不是具备这种优势？

（2）为自己的优势寻找匹配的行业

我曾经遇到一个有趣的咨询者，她是一家公司的档案管理员。她最厉害的地方是，能准确说出公司上下 1 000 多名员工的名字。她说自己似乎具备一种能力，见到陌生人就兴奋，并且能让人迅速产生好感。

对她而言，认识陌生人能让她神经亢奋，从而驱使她认识更多的人，而随着认识的人数量的增多，面对什么样的人说什么话，她都总结了一个心得体会。

咨询之后她果断地转行进入保险行业，如今成为保险公司的销售冠军。确认好自己的核心优势，进入与自己优势匹配的行业，这样工作起来才会更加游刃有余。对于专业选择，我们可以在确认自己的优势之后去匹配合适的行业，然后再倒推出合适的专业。

兴趣可以作为未来规划和职业定位的因素之一，前提是根据兴趣而从事的职业能给你带来满足感，引领你过上自己想要的生活。在没有明确兴趣的情况下，优势是确定未来规划和职业定位的一个重要因素。

职业定位是专业选择的前提，选择专业就意味着选择升学赛道，也就意味着生涯规划的开始。

第三节　新高考+双减，做好学业规划减负不减分

一心向着自己目标前进的人，整个世界都会为他让路。

——爱默生

2021年3月初，一个成绩中等的浙江学生和家长找我咨询，学生告诉我，天天没日没夜地写作业，数学努力了大半年成绩不见提升，他根本没有目标，不知道为什么学习，现在听说浙江又有三位一体，更不知道该怎么选学校、选专业了，也不知道应不应该参加。以前还能上辅导班，跟着进度走，但是双减之后没了辅导班，成绩无论如何也提不上去，又不知道该如何努力，也没有了方向。

和这个同学一样，其实很多高中生对未来发展并不明确，学习动机不清晰，学习方法不科学，没有明确的方向和目标，努力了一段时间成绩不见提升自己就慌了神。所以做好学业规划，确定目标，

梳理职业—大学—专业—学业系统的链接关系至关重要。

我们的生活中充满了选择，一个个选择指引我们走上不同的道路。有人曾说过，"决定你命运的不是你面临的机会，而是你自己做出的选择"。高中阶段的科目选择便是孩子遇到的一个重要分岔口，新高考改革要求孩子拥有生涯规划意识，更早地设计生涯规划，实现自我价值。

随着新高考政策的发布，以及双减政策的落地，几乎每一名高中生都面临以下问题：大学读什么专业？当前要如何学习？高考志愿如何填报？除此之外，还要面对没完没了的作业、永无休止的考试，所有这些不仅让学生感受到了巨大的压力，而且对未来也十分迷茫。

高中三年是学生时代非常重要的三年。这个阶段，如何运用生涯规划管理学业，将当下的成长与未来的发展有效结合，积极在素质教育和升学教育之间取得平衡统一，对学生的自我规划、自我探索、自我实现至关重要。

做好生涯规划，在正确的道路上前行，才能用一分的努力获得百倍的收益，那么如何做好生涯规划呢？

一、职业和专业的关系

首先，我们先来了解专业和职业的关系，从而确定目标。

职业和大学专业的关系可以分为三种。

第一种是多对一关系。

这种关系是指不同的专业可以发展为同一个职业方向,比如市场营销、业务开拓人员等。

这类职业对从业者的专业要求不高,但对某些能力,比如人际沟通、组织管理、口头表达、创新思维等要求较高,因此在未来就业时,选择这类职业的学生可能出现专业不对口的现象。

比如一名教育学专业的学生,在校期间经常参加校报、校广播电台的活动,使自己的新闻专业素养得到了培养,毕业后进入报社,成为一名新闻从业者。这样的就业与所学专业看起来不对口,却可以在教育板块利用自己的专业知识取得长远发展。

这种跨专业就业的情况对学生的个人能力和专业素养有较高要求,所以在大学期间,对个人能力和专业素养的培养要两手抓,它们对于未来就业很重要。

第二种关系是一对多关系。

一对多关系指一个专业对应多个职业方向。

这种关系下的专业一般学习内容比较广,发展的方向比较分散,就业行业广泛,就业领域往往是分支学科领域。

比如计算机专业,这个专业的学生毕业后可以从事网络安全、软件开发等工作。

如果选择这种专业,那么在大学学习时要注意重点培养专业思维,并注重基础知识的学习与应用。

第三种是专业与职业一对一关系。

这种专业一般技术性比较强,专业壁垒比较高。

比如医学生毕业后可以从事医学行业，但是非医学专业的学生几乎不可能从医。

通过这三类关系我们发现，虽然专业与职业对应关系复杂多样，但是有迹可循。大学的学习，专业只是平台，更重要的是学生要依托这个平台发展自己的综合素质。

所以在确定目标之前，我们需要先了解专业和职业的关系，判断我们是不是符合这样的优势。只有做足功课，才能少走弯路。

确定了专业与职业的关系，还要确定大学与专业的关系。

还是回到本节开头的例子，这个浙江孩子的爷爷是一名牙科医生，由于她从小受到爷爷的影响，所以最终确定自己的目标为成为一名牙医，那么对应的专业是口腔医学专业。

在确定了专业之后，接下来进入大学探索环节。通过学科评估结果和自身发展规划以及分数，这个女孩将目标定在了四川大学、上海交通大学、北京大学、武汉大学、中山大学。

确定学校之后，再来分析往年这些学校的招生情况、录取分数信息，我们就知道自己距离目标总分差多少，在此基础上选取最容易提分的科目进行提分。拥有科学长远的目标后，学生便不容易因为分数持久不提升而心理产生大的波动，毕竟成败不在一城一池。

二、了解大学，确定目标，做好学业规划

只有了解大学，才能确定目标大学。

由于每个学生都有不同的成长环境和家庭背景，了解大学和专

业,有的可以通过游学去切身体验,有的可以通过互联网去了解。

想要更好地了解大学,我们可以重点看以下几方面信息:

第一,高校的种类;

第二,高校的办学实力;

第三,高校的特色;

第四,高校专业的排名。

最后可以通过下表来评估一下未来想报考的学校。

学校评估表

学校名称	学校 1	学校 2	学校 3
归属情况			
学校类型			
学校排名			
所在城市			
办学特色			
师资水平			
优势专业			
科研水平			
知名校友			
省招生分数线			
社会评价			
就业情况			

确定好职业以及专业、院校之后,我们要做的另外一件事就是"把握政策,放大努力",在这里也就是指探索升学途径。新高考改

革之后，为了丰富多元升学，避免一考定终身，推出了强基计划、综合评价等多元升学途径。

升学途径的种类有很多，我们不能根据升学途径找学校，只能在职业、专业以及院校确定之后，看看有没有适合自己的升学途径。

进行完职业—专业—院校—升学途径的探索后，要进一步明确学习动机，并努力提升学习效率。只有动机明确才不会迷茫，只有效率提升才能使孩子减负不减分。

而在高中，让孩子拥有源源不断的动力的方法就是有一个明确的目标，或者成绩稳步提升。但是不少学生建立长远目标之后，努力了一段时间便坚持不下来了，最终陷入自责。出现这样的情况主要有两点原因，第一是目标不合理，第二是心理素质薄弱。

想要孩子有源源不断的动力，首先，目标设置要合理。目标设置要符合 SMART 原则，设置的目标要循序渐进，并设置出大小目标。其次，面对心理素质薄弱的孩子，只能让他自我察觉，或者提升成绩，而提升成绩的主要方法就是改善学习方法，提升学习效率。

坚持一段时间成绩不提升就放弃的孩子，他们大部分人采用的提分方法是整理错题本或者刷题，或者说找不到合适的学习方法。这样的学生几乎成绩都不会真正提高，哪怕通过刷题也只能换来短暂的成绩提高。

想要稳步提升学习成绩，必须先进行学科分析，找到自己的优势学科和劣势学科，并分析出优劣势学科的差距。

如何进行学科分析？

首先,找到半学期的学业成绩,进行学业评估。通过考试结束后对自己考试情况的分析,找出导致错误的原因,并反观平时学习情况、作业情况,不断在学习过程中发现问题、解决问题,促使自己稳步提升。

其次,在完成学业评估之后,还要进行试卷分析,我们可以根据下面的试卷分析表分析自己的错误原因,在此基础上对症下药。

试卷分析表

考试名称:		考试时间:				得分:
题号	技能型错误			知识型错误			
	错误描述	错误原因	失分	错误描述	知识点所在章节	知识点	失分
技能型错误总失分:				知识型错误总失分:			

续上表

技能型错误		知识型错误
错误描述： 会做的题目做错； 很有把握的题目做错； 简单的题目做错	错误原因： 审题错误； 计算错误； 抄写错误； 书写不规范、笔误	错误描述： 答对了改错、答错了改对，对答案不确定； 答题不严谨； 完全不会
技能型错误解决方法： 审题错误：慢审题、快答题； 计算错误：草稿演算要规范、坚持复查； 抄写错误：慢抄写、坚持复查； 书写不规范、笔误：坚持复查		知识型错误解决方法： 对知识型失分领域的知识点进行统计，明确失分章节以及相关知识点，从课本入手逐一掌握

填写说明：

在题号列填写与试卷对应的错题编号，如果该题属于技能型错误，请在技能型错误列中填写相应的错误描述、错误原因和失分(如有其他错因请自行填写)；如果该题目属于知识型错误，请在知识型错误列中填写相应的错误描述和该错题涉及的知识点名称及知识点所在章节。分析结束后，请选择有针对性、代表性的重点错题，记录在错题本上，并在纠正错题的基础上，针对错题的形式、题型结构、解题思路、涉及知识点，编写相同类型的巩固题目。

提示：

如果一道错题出现两种错误类型，则以最突出的错误类型来归类。如果考试出现的错题数量超出 12 道，请寻求第三方督导，反思自己在本阶段学习过程中各个环节的执行情况，结合试卷分析中错误类型的失分比例，在下一阶段学习过程中有针对性地去解决问题(1. 如果预习、作业环节完成得较好，但技能型失分过多，那么在下一个学习阶段，对平时作业要严格按照作业流程进行。2. 如果课堂、复习环节执行得较好，但知识型失分过多，那么请及时选择课外时间寻求第三方帮助或有针对性地进行补习)

第三，结合学业评估和试卷分析的结果，对学习的整个流程，包括目标、预习、课堂、作业、复习、考试这几个环节进行分析，进一步确定哪里可以优化。

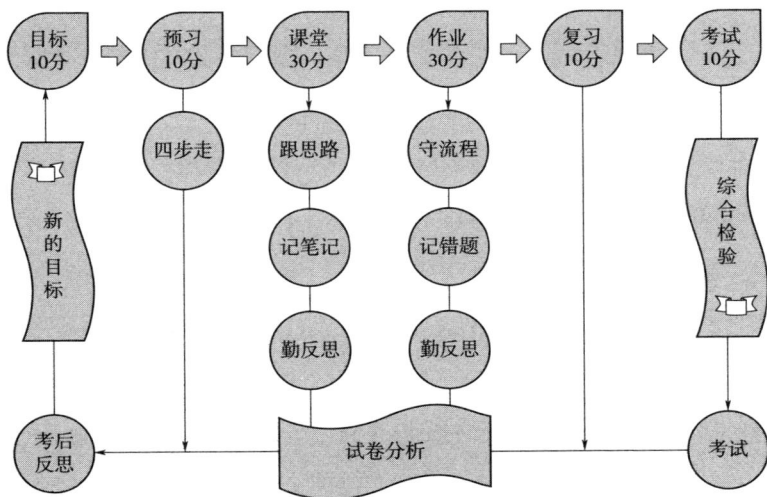

学习流程图

第四，根据反映出来的问题，以及探索到的方法，重新制定每一个科目的学业目标。

最后，结合每一个科目的学业目标生成最终的学业目标。

看似简单的学业目标，背后是一系列严谨的思考逻辑，从一开始制定目标，将阻碍达成目标的问题罗列出来，到找出问题背后的根本影响因素，再到积极寻找解决问题的对策与方法，整个过程分批次、有步骤地解决了孩子的学习问题。

做好学业规划，才是解决孩子学习问题的关键。帮孩子找到自己的问题，引导孩子积极寻找适合自己的方法去提升、去学习，这样才能事半功倍。

第四节　高一选科，千万要避开的五个坑

人的一生中，能改变命运的关键节点就那么几个，新高考选科就是一个。新高考背景下，选科成为一个难题，之所以这样，主要和高考政策、学科因素、自身因素有关。

填志愿的时候，不同的专业对应选择的科目不同，比如在高考的时候不选政治，也就意味着在填志愿的时候无法选择军警类院校，选科就意味着你选择了一个组合，同时放弃了一些专业。比如选择了物理、化学和生物，未来的选择面就会更广；选择了政治、历史和地理，就意味着无论你有多高的分数也学不了医学。很多学生因为选科的问题无缘名校。

高一选科非常重要，一个十几岁的孩子，很难知道自己适合什么，不能仅凭分数的高低来做选择，要结合自己未来想上什么样的大学、学什么专业等来综合抉择。

出现选科失误的人，都是跌倒了才后悔，跌倒了才知道生涯规划的重要性。家长想要帮助孩子更科学地选择，就必须站在前人的肩膀上，去分析前人踩过的坑，来总结自己的经验。

从 2014 年新高考实施到现在，在选科的时候，没有经过慎重思考、科学分析，很多学生都会踩下面五个坑。

第一个坑，有些学生会存在特别不切实际的想法。

"先选物理，实在不行再换"，当然我相信很多家长也可能会有这样的想法。这种想法不仅不切实际，也是新高考的大忌。

一般来说，选科是在高一结束或者高一上学期结束时进行，学生经过一段时间的系统学习，已经对每个科目有了一定的认识。学校在正式选科之前会多次让孩子进行模拟选择，最终确认的时候，要求孩子和家长签字。

选科是一个深思熟虑的过程，选定后原则上学校不允许换科目。站在学校的角度，牵一发而动全身，一旦开了这个口子，有些学生就会"三心二意"。

所以做选科决定的时候，一定要慎重考虑，做好学业规划，判断自己适合不适合，千万不要抱有不行再换的想法。

第二个坑，走班制。

高考模式的推行与尝试，确实让学生在选科过程中选择变多，但是学校一般开不了这么多组合，如果学生所选的组合人数过少，形不成固定班级，那么学生不得不面临"走班"的问题。

"走班模式"一般有两种方案，第一种是所有走班生集合到一个班级，组成一个班级；第二种通常会采用"固一走二"或者"固二走一"的模式，即固定一科在某一个班级，本人也在这个班级，其他两科走班，或者固定两科在一个班级，另外一科走班。

走班模式有利于因材施教，真正实现了孩子适合什么喜欢什么就选择什么。

走班模式也有缺点。

第一，心理归属感比较弱，"固一走二"或者"固二走一"模式使孩子的集体归属感不强，更像一个外来人。高中小团体抱团现象严重，会出现各种关系好的小团体。在学习生活中发生摩擦时，走班生的这种外来的疏离感会更强，因为班里孩子天然会偏向本班固定成员。

第二，在走班制这种模式下，成绩对比不强。由于选择这个组合的人数比较少，所以赋分后几乎无法对比成绩。

除此之外，还有一种情况可能发生，就是在走班科目冲突的情况下，会出现一个科目两个老师交叉任教的情况，而每个老师都有自己的讲课风格，都需要孩子去适应和切换，这样会极大影响学习的延续性。

第三个坑，学校组合开不全。

新高考选科一般是在高一上学期结束或者高一下学期结束时进行，很多学生认为作业量太大，完不成作业，于是选择性地放弃了一些自己不喜欢也不擅长的学科，等到选科时可以避开这个科目，这样的话，对于这些科目，只要通过学业水平测试就可以了。这种做法本身没问题，但是到了新高考选科时就彻底傻眼了。

新高考选科组合种类是多，但很多学校办学实力有限，根本开不了这么多科目，对于这一点，高中招生的时候家长并不清楚，尤其在新高考改革第一年的时候，不少学校开设组合不足一半，甚至更少。一些偏科的孩子与高一放弃某些科目的学生，碰不到自己的选科组合，那就只能走班和改科了。

第四个坑，听从非专业人士意见做选科。

面临选科，很多家长会采纳一些自认为是权威人士的意见，比如辅导班老师、学校班主任、自己亲戚，但他们很多时候并非所谓的专业人士。

辅导机构老师没有经过系统培训，无法给出专业的指导意见。选科要结合孩子的生涯规划和数据分析来进行，市面上很多咨询师只经过了短时间的培训便开始做选科辅导，或者简单利用数据卡帮孩子选科，这是极不科学的。

也有一部分咨询师仅仅以孩子的兴趣为导向，进行简单的霍兰德测评，然后给出选科建议，这也是不科学的。兴趣只是其中一个方面，并不能代表全部。一套完整的测评对内要了解孩子的兴趣，还要结合孩子优势以及性格和价值观做非正式评估，对外要了解职业与专业的对应关系，以及专业与大学的对应关系。

学校老师很多只会简单地根据学校开设的科目组合来推荐。

第五个坑，根据成绩选科。

很多孩子没有经过分析，认为哪个科目成绩好就选择哪个科目。有一部分学生选择了物理、生物、地理，却梦想着当警察，殊不知这种组合在报志愿的时候根据专业要求根本报不了军警类专业。那么选科到底要选哪几科呢？我们看下节内容。

第五节　选科到底要选哪几科

选科一定要慎重，选科最终要"选其所长、学其所好、录其所愿"。选科应该遵循"自己能学、自己想学、自己较强、自己想做、学校提倡"五个原则。

高考选科要符合未来规划、符合个人特质、符合专业要求。

想要做好高考选科，首先要了解各个学科的特点，然后明确各种选科组合的特点，在此基础上去选科，这样才更科学。

物理学科是当今较为精密的一门学科，注重研究物质、能量、空间、时间，尤其是它们各自的性质，以及彼此间的相互关系。广义而言，物理是一门分析大自然发生的现象并探究其中规律的学科。物理学科的学习难度较高，实验是其检验理论正确性的唯一标准，知识之间的关系密切，注重逻辑思维的培养，在生活中应用广泛。

化学学科属于自然科学的一种，是研究物质的性质、组成、结构、变化、用途等的自然科学。简单而言，化学是一门发现已有物质的特性，并在此基础上通过化学反应推进新事物产生的学科。在学习上，化学的学习难度低于数学、物理，高于生物。要求考生有一定的动手实践能力和细致的观察能力，并且需要考生有一定的记忆力，对知识要充分理解。化学与工业、农业、日常生活、医学、材料等均有十分紧密的联系。

生物学科属于自然科学的一个部分，主要研究生物的结构、功能以及发展规律，简单而言，就是一门研究和发现生物进化和发展的学科。相对于数理化，生物的学习难度较低，注重基础知识的考查。生物学习的内容涉及动物、植物、微生物等，研究方向包括基因、遗传等，是很有意思的一门学科。

历史学科属于人文类学科，是对过往社会的客观存在和发展过程进行记录，并对历史规律进行探索的学科。历史属于纯文科科目，知识面要求广，一般学习的内容包括中国历史、世界历史。相对于地理、政治这些文科科目来说，历史的学习有规律可循，理解起来也更简单，所以拿高分的概率还是很大的。

地理学科虽然属于传统文科，却属于自然科学与人文科学的交叉范畴，具有综合性、交叉性和区域性的特点，是研究地理要素或地理综合体的空间分布规律、时间演变过程和区域特征的一门学科。地理学科兼具文理特性，学习难度低于物理、化学，背诵内容少于历史、政治。考试内容多集中于客观知识，答案明确，更容易获得高分。

政治学科属于社会学科，主要研究对象是政治行为、政治对象。政治学习要求与时俱进，要求考生有很强的记忆力和理解能力。每年考试的试题变化大，出题信息源于社会时政热点等各个方面。如果学生没有精准的把控能力和超强的理解能力，政治想得高分有一定难度。

了解了每个学科的特点之后，我们还需要分析各种选科组合的特点。

物理+化学+生物，该组合为传统的纯理科组合，科目之间的学习关联度较高，一般理科特别强的考生会做此选择。这个组合中物理、化学都属于理科类比较难的科目，生物的学习难度虽然低于这两者，但也需要考生具有超高的记忆力和理解力，这种组合的学习难度较大。这个组合对学生的逻辑思维能力要求很高，适合目标基于优秀工程类院校的学生。从已经公布的数据看，选择该组合的考生人数较多，而且多为优等生，竞争压力较大，如果成绩一般的考生选择这个组合，很容易处于竞争的劣势。

根据专业选科要求来看，"物化生"选科的专业覆盖率极高，位居前三。"物化生"组合的可选专业较多，不能选择的专业基本为哲学类、历史类专业以及法学门类下的政治学类、马克思主义理论类、公安学类等，可选专业包括工科类的热门专业、医学专业等。

如果家长不打算让孩子未来报考公安警校的话，考虑学科的相关性，选择"物化生"组合比"物化政"更科学。

物理+化学+政治，物理和化学都属于理科类学科，政治注重知识记忆和理解，三个学科之间的关联度不高，学科领域跨度较大，学科学习难度大。物理和化学都属于理工类科目，物理的学习难度较大，知识之间的联系紧密，注重逻辑思维的培养；化学的学习难度在物理和生物之间，是以实验为基础的学科，要求考生具有较强的记忆力和理解力；政治属于文科学科，偏记忆性的知识较多，但是又比较贴合生活和时政热点，所以政治想要得高分还是比较难的。这种组合专业选择面广，专业覆盖率高，同时政治科目的加入也为未来发展提供了帮助，有利于考生考研和考公务员。这种组合选择人数较多，有一定的竞争压力。最大特点是学习难度大、学科跨度大，竞争激烈，但它却是考研和考公务员的最佳组合，理科类考生选择该组合，对未来考研或公考有一定帮助。适合这一组合的考生有：具备文理科素养、综合素质较高、文理发展均衡的考生；政治科目较为突出、擅长背诵兼具较好的文科思维能力、文理科思维可以自由转化的考生;职业规划清晰、有明确的目标、未来有考研打算,或者有意向报考公务员的考生。

物理+化学+地理组合,地理又被称为文科中的理科,"物化地"的组合方式背诵内容较少,符合理科学习"少背诵、多理解"的特点,该组合的学习科目之间关联度较高。"物化地"组合的学习注重理科思维,学习难度较大。从整体看,虽然理科优等生较多,竞争压力较大,但选"物化地"组合较"物化生"组合来说,既避免了与学霸们"厮杀",又能发挥理科思维优势。对于这个组合来说,首先,大部分理科类专业都需要物理基础;其次,很多医学相关的专业也会需要化学基础;最后,水利水电、测绘类专业等又需要地理基础。所以,选择"物化地"这一组合,以上这些方面的专业,大多都可以选择。

物理+生物+政治组合,生物中有很多偏向于记忆的知识,而政治同样也需要记忆和理解兼备,从知识的学习来看,这两者和物理有所不同,学科跨度较大。政治背诵理解知识较多且贴近生活,取得高分较难。这一组合适合下面几类考生:物理成绩不错,理科思维较好;有计划考研或考公务员的考生;目标为理工类专业考生,物理成绩不错,但化学成绩不佳的考生。物理保证了一定的专业覆盖率,政治则为考生后续考研和考公务员提供了基础。从目前数据来看,选择这一组合的考生人数较多,竞争压力大。

物理+生物+地理组合,地理和生物的文理界限划定并不是十分的明显,生物学科有很多知识需要记忆,地理也需要一定的理解力,而物理需要较强的理科思维,注重逻辑思维的培养,科目之间有一定的关联度。在科目学习难度方面,和化学相比,地理和生物的难度还是要低一些的,选择此组合的考生基本上是以物理作为专业选择的基础,以地理和生物作为得分的重要方式。这一组合适合物理成绩不错,但化学成绩不佳,理科思维较好,目标为理工类专业的考生。选择"物生地"和"物生政"的考生大多是考虑"实力+兴趣"的群体,他们擅长物理学科,会基于学习兴趣和未来专业、职业方向进行选择。但从目前各省选科数据来看,生物、地理的选科人数较多,赋分制下,中等生选择这一组合不占优势。

物理+政治+地理组合,学科之间跨度较大,政治、地理偏记忆和理解,物理注重逻辑思维,整体来说,有一定的学习难度,取得高分的概率不是很高,适合理科思维和文科思维兼备的考生。这个组合是"最难理科"+"2个文科"的组合,最具学科思维挑战。由于学校师资和场地的限制,大部分学校很难单独为人数少的组合开设课程,因此选择这个组合的人数较少,同组合的竞争压力小。

历史+政治+地理组合是最传统的文科组合,科目关联度密切。这个组合注重文科思维,需要较强的记忆力和理解力,它适合不擅长理科的广大考生,具体来讲,喜欢历史、关注社会时政、文科思维明显强于理科思维的考生;在各类国学大赛、作文大赛中取得优异成绩的考生;致力于考取汉语言文学、新闻学、社会学、国际政治等专业的考生;想选艺术专业、传媒专业的考生,都可以选择这一组合。从已经试点高考改革的省份数据来看,是必选历史组合中选科人数最多的组合之一，也意味着竞争压力大。

历史+化学+政治组合，历史、政治都是文科类学科，这两者在科目的学习上关联度较高，化学属于理科类，但又不像物理那样具有很强的理科性质。这种组合适合有文科偏好但是对地理不感兴趣的考生，有了化学的加入，扩大了专业选择范围。除此之外，这一组合还适合偏好文科，历史、政治成绩在校内较为优秀；对化学非常感兴趣；有文科偏好，但对地理学科不感兴趣；文字表达能力和记忆能力强，逻辑思维相对不太强的学生。从目前数据来看，在必选历史的选科组合中，"史政化"组合的专业覆盖率略高，且选择这个组合的考生并不是很多，组合内竞争压力不大，适合文科成绩优秀、对化学感兴趣的考生。

历史+化学+地理组合，这一组合在科目上没有太大的割裂，注重知识的记忆和理解。此组合适合记忆力较好，历史、地理成绩具有明显优势，对政治学科不感兴趣的学生，或文科素质优秀且对化学非常感兴趣的学生，或有意向学习与化学有关的专业的学生。

历史+生物+政治组合，这一组合在学习上都偏向于知识的记忆理解，学习的逻辑上关联度较高。这一组合偏文科，在专业的选择上也偏向于传统的文科专业。生物和地理的学习难度差别不大，考生做出此选择多是为了以理科科目拓宽专业范围，或者因为自己不擅长地理学科。这一选科组合更适合文科思维有优势、文字表达能力和记忆能力强、逻辑思维相对不太强的学生，竞争压力不大，但是想取得高分有一定的困难。

历史+生物+地理组合，生物也被称为理科中的文科，偏记忆的知识很多，这一组合在学习上有一定的关联性。这一组合适合历史、地理成绩具有明显优势，对政治学科不感兴趣的学生，这一组合似乎学科跨度小，但思维跨度大，竞争激烈。

历史+化学+生物组合，化学、生物属于理科学科，但也需要一定的记忆力，历史则侧重知识的记忆和理解，考生做此选择应该是十分不擅长物理，但是对化学、生物有一定的兴趣。这一组合适合化学和生物成绩比较好，且具备一定的动手实验能力的考生；也适合平时对动植物非常感兴趣，有志向报考关于生物或化学专业的考生。

化学+生物+地理组合的优势是化学、生物学习难度低于物理，很多要求记忆归纳，学科间联系比较紧密；对于物理成绩不好的考生来说，这个组合比较容易达到自己的预期成绩；竞争不是很激烈，学霸选考人数也不会很多。这一组合的劣势是在专业选择上有所限制，最明显的限制在于工科大类专业的选择上；考生大部分是总成绩在中游或中下游的考生，在高考赋分制下，区分度不会很高；组合中有需要动手实验的化学和生物，所以想要得到高分，还要具备较强的动手操作能力。

生物+政治+地理组合，三科关联度不高，衔接困难。这一组合具有文理双重特性，生物、地理有少量计算，但主要知识学习仍以记忆理解为主。这一组合适合擅长文科知识学习，但希望有报考理学类专业机会的考生。

化学+生物+政治，这一组合适合未来希望考研、考公的学生，或希望从事与化学、生物相关的职业的学生。

物理+历史+地理组合，虽然组合里面有物理学科，但仍属于偏文科的组合。采取"物理+2个文科"的搭配方式，适合文科相比于理科整体有优势的学生。这一组合的优势是专业覆盖率偏高，就业方向广；文理科发展比较均衡，方便大学衔接。选考劣势是竞争相对激烈，学习压力比较大；物理学习难度大，历史高分不易拿；文理科搭配组合，在学习过程中需要灵活切换思维；对于大部分医学及化工专业都无法选择；部分地区可能出现选考人数少、走班难的问题。

物理+化学+历史组合，这一组合文理思维兼具，物理重视逻辑思维，而历史注重记忆理解，化学两者兼具。理科科目搭配历史，学习难度、课业压力大。这一组合适合理科成绩好、逻辑思维强的学生，同时也适合对历史有浓厚兴趣，文理转换快的理科生。

物理+政治+历史组合，物理是强理科，需要严密的逻辑思维和较强的计算能力。政治、历史是文科，需要大量记忆及归纳总结的能力。物理和政治，学习难度不低，而且历史需要大量的记忆，课业压力会非常大。

物理+生物+历史的组合优势是，物理+历史的组合，使得组合的可报专业覆盖率极高。这样一来，考生在报考专业上有较大的选择空间；理科科目搭配历史，学习难度适中，课业压力一般。历史虽然知识面要求广，但相比地理、政治科目更容易理解，对大多数考生友好。劣势是历史、物理为文理科特征最明显的两个学科，学霸的必选科目,单学科赋分竞争压力大。

化学+政治+地理组合,地理需要理解性记忆,而化学学习除了记忆外,还需要理科思维,学科关联度较低。这一组合适合文科比较优秀且具有一定理科思维的考生。

凡事预则立,不预则废。选科的时候也是如此,选科应该奔着目标去选。先了解每个学科的特点和每个组合的优劣势,再去选科,这样才会更加精准。

科学的选科一定是建立在综合分析基础之上的。在了解每一个科目以及各种选科组合特点的前提下,科学的选科分为五步:

第一步:通过生涯规划和孩子自我探索确定孩子喜欢的职业。

第二步:利用职业和专业的对应关系分析出孩子应该去学习哪一类专业,根据专业类型匹配自己喜欢的院校。

第三步:根据专业要求查询对应专业的选科要求,并且同时进行学科优势分析,判断对应的专业是否和孩子的选科优势相匹配,参考选科组合的专业覆盖率,选出最适合的组合。

第四步:确认孩子所在学校是否开设该选科组合,若开设,则完成选科组合;若不开设,则排出优先级。

第五步:分析每个组合的利弊,最终选出适合自己的组合。

在进行专业和选科对应查询的时候,需要注意的是,相同专业在不同院校的选科要求也会有所不同,主要可以参考《普通高校本科招生专业选考科目要求指引》以及新高考选科组合专业覆盖率等。

对于科目的选择，大家可以依据个人生涯规划、心仪专业对科目的要求以及所在高中的实际情况做出选择。

选科就是选人生！

第六节　曲线救国，成绩不好，小语种、艺考、留学如何选择

随着学业竞争压力越来越大，以及社会多元化的发展，除了高考，大部分学校推出三种常见的升学形式，那就是英语太差可以选择小语种，文化课分数太低的可以选择艺考，家庭条件好的可以选择留学。

首先我们说一下小语种。

学习小语种提高高考成绩对于一些英语分数很不乐观的学生来说，他们想换一个赛道，这种想法不难理解。

教育部颁布的课程方案指出，在英语、俄语、日语的基础上增加了法语、德语、西班牙语，它们都可以用于高中课程学习，并且进行高考。

到底应不应该选小语种来参加高考？作为通过小语种参加高考并且获益的亲历者，下面我就来谈谈应不应该选择小语种参加高考。

首先我们看几个案例：

学生一：英语分数 35，高二上学期开始学俄语，高考分数 111。

学生二：英语分数 105，高二上学期开始学俄语，高考分数 129。

学生三：英语分数 100，高二上学期开始学俄语，高考分数 126。

学生四：英语分数 50，高一下学期开始学日语，高考分数 101。

高中时我们学校将中考英语成绩太差，其他科目还可以的学生直接划分到俄语班。对于俄语的学习，学校有统一的教学课程设置，在经历三年的俄语学习后，我们班高考俄语平均分达到 130 分以上。

短期来看，小语种提分确实相对简单，但长期看，学习小语种会让未来发展受限。比如：

1. 选小语种参加高考，之后在报志愿的时候，报考专业受限。很多理工类专业明确要求要英语类考生。

2. 大学想考研受到限制，小语种能用于考研，但在专业选择的时候限制就大了。

3. 英语是通用语言，一般学术期刊、前研科技成果都需要用英语。如果继续深造，那么更会发现英语的重要性，读研期间不少专业都要求发 SCI，英语不好将寸步难行，这也是很多学校研究生只招英语考生的原因。

4. 就业的话，我浏览了很多招聘网站，只要是"要求较好的外语能力"或者"要求有留学经历或者驻外工作经历"的岗位，基本都对英语有要求。

小语种有利有弊，我认为适合学小语种的分为三类：

第一类，英语实在太差，只能考 50 分左右，换个小语种能提几十分的这种学生。

第二类，有明确的计划，去特定的国家留学，这样学习小语种就再好不过了。

第三类，不论英语还是其他小语种都学得很好，天赋好，可以随意选。

选择小语种参加高考有利有弊，选择之前，要分析自己适合不适合学习小语种。我是学习小语种受益的人，因为学习了俄语，我才想着出国留学，第一次坐飞机，第一次一个人出国，然后去了十几个国家，开阔了眼界，用脚步丈量了这个世界。

当然，也有一批人因为选择小语种而走了很多弯路，有些人因为换了小语种高考分数高，然后去了一个不错的学校，但是在考研的时候需要自己重修英语，结果多次考试依旧考不过，最终自暴自弃。

到底应不应该选择小语种？我认为小语种是一条可能改变命运的道路，路给你了，走不好，不是路的问题。如果一味为了高考分数占便宜而不思考人生后面的规划，绝对是不可取的。所以在选择小语种的时候，一定要慎重思考自己适不适合，以及未来的发展和规划。

除了小语种外，还有一些学生在高二时会遇到文化课成绩薄弱要不要选择艺考的问题。

经常有咨询者问我，学校老师说孩子成绩不好上不了本科，可以走艺考，可以尝试选择"美术""编导""体育""播音"等艺考途径，那到底选不选呢？

有的人因为天赋、热爱和拥有童子功而选择艺考，有的人为了能上一个更好的大学而选择艺考。

这么多年做咨询，我发现选择艺考的学生主要分为两大类。

第一类：成绩普通，文化课提升困难，考好大学难，想通过艺考走进更好的大学。属于这种情况的大部分学生成绩位于二本以下，或者在二本以上一本以下。这一类孩子大多数都是因为"文化课降分，考大学捷径"这个口号而选择了这条升学途径。学校老师大肆宣传这些升学途径，很多时候是为了让孩子拥有更多的选择，有时候也是为了升学率。

很多孩子在选择艺术类专业时并没有接触过相关专业，都是通过学校老师推荐和宣传之后才了解，而且他们大都会听从老师的推荐而选择。选择前，如果不结合孩子自身情况思考未来的发展，不提前规划好未来的发展方向，那么最终可能会导致意想不到的后果，所以在选择的时候一定要慎重。

如何判断孩子适不适合通过艺术特长生渠道升学呢？

首先分析孩子的分数，估算选择艺考的情况下，长时间集训来不及上课，高考大概能考多少分；其次分析所选艺考类型的以往分数。在此基础上评估自己的实力，和以往录取分数做比较，判断这条路是否行得通。

其实，是否选择艺考，最终要结合孩子自身条件综合判断。

1. 要把握好孩子自身兴趣爱好。兴趣是最好的老师，确认孩子自己是真的喜欢，还是只是想通过这条途径进入大学而已。

2. 确定自己擅长不擅长。美术和音乐这些艺考类专业是需要天赋的,很多时候我们自以为的天赋其实在专业人士眼里只是起点,所以能的话最好找专业人士评估一下。

3. 提前考虑未来的职业方向,确认可以接受。

很多人把艺考当作大学的一块敲门砖,为的是上一个更好的院校。他们抱着走捷径的心态去选择,去学习,认为自己走了一条更容易的路,走在路上的时候才发现布满荆棘,但已无法回头,向前也是一片迷茫。

第二类:文化课成绩可以,对艺术有追求的学生。

这一类考生大部分在很小的时候就接触了自己所要选择的艺考种类,他们的目标往往是冲进优秀院校,并且很早就有了自己的规划。他们的目标实现起来不是很难,只要确定好是真兴趣,而且擅长,艺考对他们来说就是锦上添花。

相比小语种和艺考,让父母付出代价更大的是留学。很多家长没有考虑孩子适合不适合,就盲目送孩子出国留学,最终导致孩子学业荒废了,时间也浪费了。

国内读书还是出国留学,如今这个时代的孩子比过去一代人有了更多的选择。随着国家的不断强大和人们生活水平的提高,留学成了一件比较普遍的事情,有能力承担孩子出国留学费用的家庭也多了,可以选择的留学高校也多了。

国内读书还是出国留学,父母一定要结合孩子的人生规划来定。因为我是一个留学生,我身边的朋友几乎都是留学生,所以留不留学我认为自己更有发言权。

首先,先分析一下国内、国外读书的特点。

国内读书的优点显而易见:

第一,经济压力比较小,开销与留学的开销不是一个数量级。

第二,生活饮食更适应,特别是有的学校还有异地校区。

第三,有利于积累社会关系,到了大学,优秀的孩子可以跟着老师做研究,还有可能争取到好的实习或者工作机会。

再来看国外留学,身处国外会让你体验到另一种文化,这可能会改变你的一生。在国外留学的优点:

第一,能让你拥有全球化视野,这种视野慢慢会融入你生活的方方面面,从读书方法到成就事业的方式。

第二,学会第二种语言,并且可能结交到世界各地的朋友。

到底如何判断孩子适不适合留学呢?

每个人具体情况不一样,家庭环境不一样,适合别人的未必适合自己。重要的是,在面临重大抉择时,需要有一个好的思维框架来帮我们一步步分析问题。

对于有没有必要出国留学,在做咨询时,我一般用 SWOT 工具来帮受访者分析。SWOT 是用于分析企业市场竞争战略的一个工具,我们完全可以把这个工具用在个人路径的选择上。SWOT 分析中 S 是指优势,W 是劣势,O 是机会,T 是威胁。

以留学为例,我们看一下如何做 SWOT 分析。

关于出国留学,要考虑:

- 家庭资金：家庭能否承担海外留学每年所需的生活费，如果无法承担，就完全不用考虑出国留学。

- 高中成绩：成绩能否达到目标院校的就读标准，如果成绩不够，是调整院校还是努力提升。

- 社会实践：是否可以独立生活，并且最好会做饭（出国留学很多时候需要自己做饭）。

- 外语水平：雅思、托福。

针对上面因素做优劣势评估，在此基础上做选择。其实对比优势和劣势，就像一票否决权，如果达不到指定的值，目标根本就无法实现，因此也只能放弃。

机会和威胁是我们可以考虑的一些变动因素，出国留学可能使我们有更多的风险或回报。我们来分析一下这些变动因素，看看它们是加分项还是减分项。

- 个性因素：对于出国留学，是一时兴起还是下了决心？选择出国留学是为了提升专业知识，还是体验生活？

- 学校因素：申请方面竞争压力大不大，是否有更好的方式（大学的联合办学、交换生、2+2 等）？

- 学习因素：能否适应国外的学习模式？是否对国外的学习有提前的了解？

- 国际因素：留学国家以及学校地区是否欢迎中国留学生？

- 社会因素：是否有利于孩子未来的发展？

通过梳理加分项和减分项，我们便能进一步判断自己到底适不适合出国留学这条路。

如果通过 SWOT 分析还是不确定到底应不应该留学，那么可以找一些专业的人去咨询，他们会为你做出专业的判断，很多时候的确是"当局者迷，旁观者清"。

教育不是投资，很难用投资回报率来计算教育的投入是否值得，花了几百万留学回来后，每月领几千元工资的例子比比皆是，找不到工作的也大有人在，但这并不能否认教育投入对一个人的积极影响。

第七节　把握政策，"放大"努力上名校的十九种途径

人的机遇不是等来的，是要提前谋划布局的。

父母不看书，不努力，不懂得升学途径，一味逼孩子去努力，这样的方式最不可取。其实一些孩子在初三就能看得出来大概能上什么大学，一味逼孩子在自己不擅长的道路上努力，只会打击孩子的积极性。家长在这个时候需要做的是帮孩子探索有没有更合适的路径，不要让孩子输在信息差上。

近三年，清华大学本科招生大约一万余人。通过高考统一招生共录取约 4 100 人，占比约为 40%。通过丘成桐数学英才班录取 90 人，通过丘成桐数学科学领军人才培养计划录取 100 余人，通过"高水平运动员"和"高水平运动队"录取约 130 人，通过五大学科

国家集训队录取约 300 人，通过外语类保送生的方式录取 164 人，通过艺术类招生录取 720 人。通过强基计划录取约 3 000 人，占比将近 30%。通过专项计划录取约 1 300 人，占 13%。

根据数据我们可以发现，高考统招是录取的主要方式，但是多元化录取已成趋势，势不可当。

我们需要多去了解多元升学渠道和必备的升学知识，合理利用升学渠道，提前做好规划，这样才更有利于帮助孩子实现自己的目标。

一、多元升学途径

首先要了解升学途径，然后分析目标路径，最终想方设法实现目标。下面我们就来了解一下近几年升学的主要录取方式，特别注意，对于本书中提到的每一种方式，在选择时请参考当年国家相关部门、各省相关部门及招生院校公布的具体文件。

1. 普通高考

普通高考录取，就是高考统招这种方式。

2. 综合评价

综合评价录取，指不再单一以高考成绩录取，而是综合考生高考成绩和学业水平测试成绩对学生进行选拔。

3. 强基计划

强基计划既是招生改革的试点，更是国家对拔尖创新人才培养路径的探索，后面我们会详细解读。

4. 高职单招、春季高考录取

（1）春季高考统一考试招生按专业类目实行平行志愿，考生根据报考的专业类目选择相应的专业和学校，招生考试院校依据考生成绩，参考综合素质评价，择优录取考生。（2）高职单招考试面向中等职业学校学生开展，考生需要参加招生院校单独组织的考试，考试包含文化课和技能考试。

5. 保送生

总体来说大约四类人具有保送资格：第一类，中学生奥林匹克竞赛国家集训队成员；第二类，部分外国语中学推荐的优秀学生；第三类，公安英烈子女；第四类，退役运动员。具体情况应以每年实际情况为准，具备保送资格的考生应向有关部门提出保送申请，提交高中学业水平成绩和综合素质档案，经审核并通过后公示。已被保送的学生不需要再参加普通高校招生全国统一考试。

6. 公费师范生

国家公费师范生是由国务院决定依托北京师范大学、华东师范大学、西南大学、东北师范大学、华中师范大学和陕西师范大学而实施的师范生免费教育。

公费师范生享有：（1）由中央财政负责安排在校期间的学费、住宿费并给予生活补助。（2）毕业之后实施公费师范生专项招聘，组织用人学校与公费师范生双向选择，确保每一位毕业的公费师范生有编有岗。（3）优秀公费师范生与普通学生一样享有其他奖学金。

公费师范生的义务：（1）公费师范生、部署师范大学和生源所在省份省级教育行政部门签订《师范生公费教育协议书》，公费师范生毕业后一般回生源所在地中小学任教，并承诺从事中小学教育工作6年以上。（2）公费师范生按协议履约任教满一学期后，可免试攻读非全日制教育硕士专业学位。

除国家公费师范生外，地方也有针对本省的公费师范生，比如湖南省公费定向师范生等。

7. 艺术类招生

艺术类专业招生是指高校艺术类专业经过省级招生机构组织的专业测试和（或）学校的专业测试，结合高考成绩择优录取，它是艺术类专业选拔人才的一种方式。

艺术类专业招生考试除了高考外，还有专业考试，专业考试又分为校考和省统考。一般来说，只有通过省考的学生才有资格参加校考。

高校在录取艺术类考生时一般有三个统一要求：第一，省统考达到合格线；第二，文化课达到艺术类相应分数线；第三，专业校考的学生，要达到校考合格线。

8. 高水平艺术团

按照教育部规定，高水平艺术团的报考条件是，具有音乐、舞蹈、戏剧、书画等艺术特长的考生可以报考艺术特长生。

考生和家长应该关注省市以及各大高校的招生简章。测试分为省测试和校测试。考生按照省招生办和高校的具体要求进行。

特别需要注意的是，艺术类招生需要在大学里学习相应的专业，而高水平艺术团经过测试后享受降分录取，考生进入大学学习普通专业，并没有专业限制。

9. 体育类专业招生

体育类专业包括体育教育、运动训练、社会体育指导与管理、武术与民族传统体育、运动人体科学等。

报考体育教育、社会体育指导与管理等专业的考生除了参加普通高考外，还需要参加省体育考试。

报考运动训练、武术与民族传统体育专业的考生，可单独参加招生考试。一般采用文化课和体考相结合的方式。

通过体育类专业录取，需要的文化课成绩会降低不少，这也是为什么很多高二学生选择走体育这一专业的原因。

10. 高水平运动队

报考高水平运动队的考生，必须通过高考报名，一般需要具备以下条件之一：一是高级中等教育学校毕业，获得国家二级运动员以上证书，且在高中阶段获得集体项目省级前六名或个人荣誉前三名；二是高级中等教育同等学历，获得国家一级运动员及以上证书，或近三年在国家体育总局、教育部规定的全国性比赛中获得前八名者。由省级教育行政部门协助招生考试院校对其资格认定。考生持有的运动员技术等级证书需要与报考高校的运动项目一致。

11. 军校生、定向培养士官

在我国，面向普通高中毕业生招生的军校大概有二十几所，有国防科技大学、陆军工程大学、陆军步兵学院、陆军装甲兵学院等。各军队院校在各省的招生计划以各省当年公布为准。

一般军校的报考条件：一是参加普通高校招生全国统一考试的应往届毕业生；二是年龄不低于 17 周岁，不超过 20 周岁；三是身体和心理健康，符合军队招生学员的合格标准。

军校录取与普通高校录取最大的区别是需要参加政审，并按照每年颁布的《军队院校招收学员体格检查标准》进行体检。

12. 公安警校招生

公安警校招生大致分为两类，第一类为公安部直属院校，第二类为省属公安类院校。

公安部直属院校有中国人民公安大学、中国人民警察大学等。

省属公安类本科院校包括北京警察学院、江西警察学院、江苏警官学院、广东警官学院等。

省属公安类专科院校包括天津公安警官职业学院、河北公安警察职业学院等。

公安类院校要进行面试、体能测试和政审。（1）面试与体能测试时间由公安普通高等学校和地方招生办商定并公布，原则上在 5 月中旬之前结束。（2）面试和体能测试由公安普通高校和当地公安机关组织实施，各省招生办负责监督。（3）面试以及体能测试当场公布结果，报考公安类的考生都需要参加体能测试和面试。(4)对于面试和体能测试合格的学生,由户口所在地和居住地公安机关对考生进行政治审核。(5)考生除了符合身体健康状况标准以外,还需要满足公安类特定身体指标标准。

13. 航海类专业招生

航海类专业主要包括航海技术、轮机工程和船舶电子电气工程等专业。航海类专业主要设置于海事类院校。航海类专业与普通本科专业相比,在报考方面有一些特殊要求,主要体现在对身体条件要求极高,不适宜女生报考,只招少量女生。

14. 空军招飞和海军招飞

空军招飞属于全国普通高校招生体系,是军队院校招生工作的重要组成部分,招收的飞行学员入空军航空大学或清华大学、北京大学、北京航空航天大学"双学籍"飞行员班学习。身体条件要求严格。空军招飞流程一般是每年 9~10 月报名,10~11 月初选,12 月到次年 5 月复选,6~7 月定选。

海军飞行学员在海军航空大学接受全日制本科学历教育,一般情况下,入校 3 个月考察期合格后取得学籍和军籍,前 3 年进行本科基础教育,第 4~5 学年进行航理知识学习和初、高教练机飞行训练。

海军招飞流程一般是每年 9 月报名,10~11 月初检预选,12 月到次年 4 月全检定选,6~7 月定选录取。

15. 民航招飞

民航招飞是指普通高校的飞行技术专业(本科)通过高考招收

飞行学生。报考民航飞行员的考生进入大学后学习专业为飞行技术专业，全国大约有 19 所院校开设了飞行技术专业。

民航招飞流程一般是每年 9～10 月报名，10～11 月面试，11～12 月身体初检，到次年 2～5 月背景调查，高考后体检复查，7 月定选录取。

16. 港澳高校招生

自 2011 年起，港澳高校开始在全国多地招收自费生。考生必须符合港澳就读规定；必须参加当年普通高校全国统一考试。香港学费每年约为 12 万元，澳门每年的学费约为 7 万元。

招生方式主要有两种，一种是高考统招，另一种是自主招生。香港高校一般以择优录取的方式，依据高考成绩做初步筛选，邀请成绩优异的学生进行面试，面试优异的学生结合综合素质择优录取。

考生报考时需要通过网站申请，一般需要经过初步筛选，通过高校审核后再提供高考成绩、高校考核成绩，在此基础上学校综合录取。

澳门高校招生采取独立录取的方式，招生计划不分省，全国统一招生。

报考澳门高校的学生，需要在指定时间登录相关学校的网页进行报名。高考成绩出来后，按要求申报高考成绩，个别院校或专业需要考生参加学校测试，具体看各个学校要求。

17. 民族班和民族预科班招生

民族班和民族预科班招生计划为国家指令性定向就业招生计划，面向少数民族，录取过程中享有一定的加分优惠。两者不同之处在于预科班需要多读一年预科，民族班与正常的学制相同，学生被预科班录取后，录取院校将委托其他培养学校对学生进行一年的高中文化课学习。

民族班不需要单独填志愿，民族预科班在单独批次填志愿。符合条件的考生可以关注，具体情况查询当年所在省的具体招生计划。

18. 中外办学招生

中外联合培养模式越来越受家长和考生的关注，中外办学目前主要有三种形式：

第一种，具有法人资格的中外合作办学机构，比如上海纽约大学、昆山杜克大学；

第二种，不具备法人资格的中外合作机构，比如上海交通大学密西根学院；

第三种，中外合作项目，它是由国内外高校联合合作开展的专业，比如北京邮电大学与英国伦敦玛丽女王大学合办的电信工程及管理专业。

中外办学的培养模式有两大类，一类是全在国内学习，另一类是在国内学几年，然后再去国外几年。

具备法人资格的中外办学机构毕业后颁发本高校毕业证和学位证，不具备法人资格的办学机构和办学项目颁发国内高校的毕业证、学位证以及外方高校的学位证书和写实性报告。

19. 定向招生

定向招生是为帮助边远地区、民族地区和工作环境比较艰苦的行业培养人才的一种模式。考生自愿填报有关高等学校定向就业专业，一旦被录取就是定向生。定向生须在入学前与高校以及定向就业单位签订定向协议。

定向生一般可以获得降分录取和减免学费等优惠政策，但毕业后需要定向到指定地区和单位就业。

以上便是19种升学途径的相关内容。在这里需要特别说明的一点是，多元招生计划每年可能都会有一些变化，要根据每年的变化进行分析。

升学途径有很多，但是适合自己孩子的可能就那么几个，找出来详细分析并且搞明白，避免因为信息遗漏而错失机会。

二、强基计划

强基计划，是很多学生和家长关注的重点，也是一条重要的升学途径。

强基计划主要是为了选拔培养有志于服务国家重大战略需求且综合素质优秀或基础学科拔尖的学生。

强基计划需要提前申报进行初审和校测，初审大约在4月进行，校测则在高考之后进行。由于报考时未进行高考，大家对高考分数也没有把握，很多人抱着试一试的态度，高考成绩高了不参加校考，高考成绩低了参加校考，用强基计划做一个保险。

针对强基计划招生的院校，大部分都是比较好的学校。强基计划招生的专业主要是基础学科，比如数学、物理、化学、生物、基础医学等。2022年最新加入强基计划的东北大学添加了机械自动化。由此可以看出我国机械自动化方面科研人才是比较稀缺的。

强基计划主要招收两类学生：第一类，综合素质优秀，高考成绩优异；第二类，基础学科拔尖，在各类学科竞赛中表现突出。

招生流程：高校在3月底公布招生简章，4月考生在阳光高考网自主报名，6月参加统一高考，出成绩后学校根据成绩公布入围名单，根据入围名单设置时间进行校测，校测结束后高校根据高考成绩和校测成绩择优录取。

强基计划将考生的高考成绩、高校综合考核结果以及综合素质评价情况等按比例合成考生综合成绩，其中高考成绩占比不得低于总成绩的85%。

强基计划的特点：第一，大学里面小班制授课，院士带队；第二，本硕博连读，读书时间比较长；第三，强基计划录取的专业大都是基础学科，学习难度比较大；第四，一旦通过强基计划进入大学，中途无法换专业。

适合强基计划的情况：(1)对基础学科有很高的天赋；(2)成绩离这些院校最低录取分数线差不太远；(3)有意向读硕读博；(4)没有经济压力(读书时间比较长)。

强基计划是高考的一道保险杠，但它不一定适合所有的孩子，家长需要协助孩子提前布局和规划。

三、综合评价

综合评价录取是伴随新高考出现的一种非常重要的招生模式，特别是在浙江和上海，已经成为特别重要的主流招生渠道。

综合评价将高中学业水平测试成绩、高考成绩以及校考成绩按权重分配计算得出总分，在此基础上进行录取，其中高考成绩所占权重一般不低于50%，每个学校的占比不同。

通过综合评价录取学生的高校分为两类：一类是面向多个省份录取的高校，比如上海纽约大学；一类是只面对本省和个别省份录取的高校，比如浙江省的三位一体，以及上海、江苏、山东等省份的很多学校只针对本省开展综合评价招生。

综合评价改变了一考定终生的局面，大大提高了高考的公平性。

综合评价针对三类人招生：

第一类，综合成绩比较优秀、五次期末成绩好、学业水平好的学生；

第二类，有学科特长、语言特长，或是有科技创新的学生；

第三类，品德优秀的学生，比如荣获省三好学生、优秀干部等荣誉称号。

在报考时，"层次"足够多、成绩足够好的学生多关注高水平综合评价招生，中等成绩的考生多关注省内的综合评价招生，外语优秀的学生多关注中外合办的综合评价招生。

综合评价和强基计划对于很多考生来说没有明显的限制要求,通过这两条途径,学生很可能会被降分录取。

如何进行强基计划和综合评价的填报?

无论是强基计划,还是综合评价,都需要经过"三关"。

第一关,初审四步走。

1. 首先评估自己的高考成绩和对应的学校是否匹配。

2. 专业选择要匹配学科特长。

3. 职业生涯规划与所报专业和大学要匹配。

4. 确定高校考核方式。

第二关,申请材料。

提交申请材料时要注意下面三点。

1. "齐":明确所报高校需要的材料。

2. "精":一定要把最能反映学生特长和优势的内容放在最显眼的地方。

3. "硬":审核时有很多硬性条件,比如高三第一学期期末成绩要在本校前 10% ,这一条对应材料放在显眼位置就会更保险。

第三关,考核测试关。

确定考试形式,进行针对性训练。

考生在校考时能否被学校"相中"取决于平时的积累,而不是靠临时突击。面试时要特别注意逻辑思维、言谈举止。

只有把所有的政策都摸清楚,才能让努力更有价值。现在我给所有的家长和考生两个建议:

1. 先熟悉政策,再了解升学路径。

2. 找到离目标最近的那条路,然后在这条路上努力提升自己。

第二章

高中生活

　　父母几乎每天都在和孩子沟通,但沟通和有效沟通是两个完全不同的概念。如何用孩子的思维真正实现有效沟通,需要我们以更高的智慧和更广的角度去了解孩子。了解孩子,首先要从孩子的生活出发,通过观察生活,才能知道孩子真正需要什么。

第一节　用孩子的思维了解孩子

　　只有懂孩子,才能和孩子顺利沟通。之所以觉得孩子不服管教,其实很多时候是因为我们不懂孩子。

　　现在的高中生已经和之前时代的高中生不一样了。每个时代的人都有不同的特点,这是时代给他们留下的印记。

　　社会变化很快,互联网的出现,使现在的孩子更早地接触到了这个社会,方方面面的信息影响着他们,家长如果不多关注孩子,那么和孩子的距离就会越来越远。

现在的孩子在休息时追星、逛 B 站、玩剧本杀，很多家长不理解，究其根本，其实还是因为家长不了解自己的孩子。要想跟孩子有共同话题，必须了解孩子。

当真正了解孩子之后，你会发现，原来你眼中的"叛逆行为"并没有那么无理与可怕。

21 世纪是信息爆炸的时代。现在的高中生比父母高中的时候幸福，但又远远不幸。幸福的是，物质极大丰富，孩子从小学开始就接触手机，海量信息打开了认知的高速通道。同时，大多数孩子去过很多地方，对不少城市都有了自己的印象。不幸的是，在海量信息输入的时代，孩子没有自己的辨别能力，他们分不清什么是对的，什么是错的。他们对明星、恋爱、家庭、身边人的态度，跟父母那一代人有所不同。正因为如此，家长更应该多去了解孩子，了解孩子背后的想法和需求。

当务之急，父母应该多去了解高中生到底有哪些特点。总体来说，高中生有以下特点。

特点一，高中生很在意同龄人的认可。

孩子年龄越大，跟家长相处的时间越少。他们渐渐开始有了自己的朋友，有了自己社交的圈子。孩子为了合群获得认可，有时候会提出一些所谓的无理要求，此时父母不要随随便便一口回绝，甚至斥责孩子不懂事。在答应孩子或拒绝孩子之前，首先应该想一想，他提出这个要求是不是为了和同龄人保持一致。

有些孩子向父母要钱买苹果手机，真的是为了攀比吗？其实不一定,很多孩子想买苹果手机是因为自己用的手机是父母更换下来的,手机的体验感比较差。看到身边的朋友都在用苹果手机,他只想和他们一样。

做讲座的时候,被问到无数次的问题就是"早恋",其实对于早恋,大多数孩子也是为了得到同龄人的认可,认为身边同学可以找到朋友,我也可以。

每个年龄段的人都希望得到同龄人的认可,不管是行为上还是其他方面,这样才显得更合群。孩子的很多不被父母认可的做法,本质上不是"学坏",而是为了得到同龄人的认可。比如盲目追求时尚等。

在孩子出现问题时,除了说教,家长更应该思考能不能从本质上帮助孩子解决问题,带他们去见识没见过的世界,理解更深层次的人生。

特点二,高中生是独立的个体。

高中孩子有着独立的思想。他们有自己的主见,在做决定的时候渴望得到父母的建议,但不是干涉和否定。这个阶段的孩子一旦发现父母干预自己的决定,之后很可能就不再和父母沟通了。

有时候父母所谓的叛逆,很可能是孩子独立了。尊重孩子的想法很重要,父母不要把自己的想法和观念强加在孩子身上。

有些孩子,自己的事情一直是由父母拿主意,到了人生的一些关键阶段,完全没有自己的想法,这是很可怕的。

特点三,高中阶段的孩子试图博取关注度。

高中孩子已经能够意识到自己的长处和短处,知道自己和朋友有什么不同。如果在成绩上无法和别的同学比，那么他就有可能争取从其他方面获得大家的关注。有可能是时尚的衣服、体育运动，或者在游戏里成为很厉害的一个人。

特点四，高中孩子容易冲动。

有一个家长告诉我，坐公交时，孩子因为一点小事和售票员吵了起来，回家后他把孩子数落了一通，没想到第二天，孩子带几个同学把售票员给打了，赔人家医药费不说，还被学校停了课。高中孩子非常容易冲动。

特点五，高中孩子容易偏激，在没有正确的引导下极易钻牛角尖。

高中孩子容易偏激，但思考清楚后，他们又极易放弃那些偏激的想法，所以，他们最需要的是在思想偏激的时候有人能拉自己一把。

一位家长曾向我讲述自己的尴尬经历，自从孩子升入高中之后，她就一直鼓励孩子"做人要有上进心，一定要朝重点大学努力"，但有一天，孩子阴阳怪气地讽刺她说："妈妈，你真是欲望无止境呀！我考上了重点高中，现在又要我考重点大学。我是人，不是你摆布的机器！"她说她真的不明白自己做错了什么，鼓励孩子上重点大学有错吗？

高中孩子已经有了自己的进取心，同时，这个阶段的孩子正处于极易叛逆的青春期，他们最反感家长过多的束缚和管教。很多时候家长用语言鼓励孩子上进，但在孩子看来却是催促和束缚。孩子刚刚升入高中就要求孩子向着重点大学努力,很多家长认为这是一种鼓励,这种鼓励会激发孩子的进取心,但对高中生而言,这种鼓励有时可能会适得其反。对于孩子来说,刚升入重点高中,家长又把重点大学的重担压在他们身上,如此一来,人生只有苦,好像永远也等不到苦尽甘来的一天。所以鼓励引导孩子也要把握好"时机"。

每一位家长都应该明白,考试没考好,孩子内心的痛苦往往是最大的,他们需要家长的支持和帮助。所以,在这个时候批评指责孩子是不明智的。当孩子考试成绩不理想时,家长应该忽视分数,并努力把孩子引导到错题和知识点的掌握程度上来。

高中这个特殊的阶段,在青春期和紧张的学习压力冲击下,孩子背负了很大的压力,必要时需要专人对其进行心理疏导。在高中,家长往往是最关注孩子的人,最有机会与他们接触并了解他们的人,家长是孩子心理医生的最佳人选。很多家长都会说:"现在的高中生让人捉摸不透,如何做他的心理医生?"其实读一本有关高中生心理的书籍,就不会觉得孩子的行为古怪了。

到了高中,面对女生成绩的波动,父母要明白,高中女生并不比男生笨,男生也没有绝对的优势。进入高中引起很多女生成绩下滑的原因主要有两点:一是女生更容易受到青春期的冲击;二是由于思维的特点,女生常常无限放大自己的劣势,看不到自己的优势。在高中女生成绩下滑严重,很容易被贴标签。事实上,女生和男生的智力水平并没有多大差异,不同的是思维上各有各的特点,各有各的优势。男生更擅长抽象思维,女生更擅长形象思维,父母要引导孩子发挥自己的优势。

高考拼的不仅仅是成绩，还有态度。谁认真，谁努力，谁就能取得成功。努力才是硬道理，对于容易翘尾巴的高中男孩来说更是如此。很多男孩在高中经常被人夸聪明，很多时候他们认为题目会做只不过因为马虎才出的错，只要认真就能拿高分。其实并不是这样的，认真在考试中也是一项考查能力。

高中孩子在学习的时候对老师会有自己的认知判断，往往由于和某一位老师谈得来，就学习哪个科目，时间就分给哪个科目，慢慢导致严重偏科。家长要引导孩子客观全面地认识老师，防止孩子因为老师而偏科。

不了解孩子，家长就很难读懂他们的行为，洞察他们的心理，更不可能用正确的方式去引导他们。了解孩子是教育好孩子的重要前提。

第二节　放下焦虑，为孩子的生活减少压力

高中阶段，绝大多数父母焦虑的原因一方面是不理解孩子的行为，另一方面是自己心理在作祟，同时它们也是造成亲子矛盾和家庭矛盾的主要原因。

高中阶段，很多家长已经不能辅导孩子功课了，却依然需要在孩子需要的时候站出来，家长的角色有了变化。

高中家长角色发生转变后，很多父母都很焦虑。其实家长的心

态越好,孩子的心态也会越好,家长心态决定着孩子心态,从而导致成绩各方面的变化。

具体来讲,家长产生焦虑的原因主要有四个。

第一个原因,家长认为家庭条件不乐观,给不了孩子最好的。

社会经济高速发展,物质极大丰富,不仅给孩子带来了巨大的冲击,对成年人来说也是极大的刺激。父母经常教育孩子不要被物质迷惑双眼,但自己的行为却完全相反,总在孩子面前抱怨自己为孩子付出了多少,自己家庭的物质条件不像别人家那样。

现实生活中,不仅不富裕的家庭焦虑,富裕的家庭也焦虑,因为他们都秉承教育改变命运的理念,为此他们拼尽一切给孩子最好的资源,创造更好的条件。就算富裕的家庭,他们也会看到比自己家庭条件更好的人为孩子付出更多,因此而产生焦虑。

"拼命为孩子创造更好的学习条件",这就是家长焦虑的来源。

父母也需要学习成长,其实在陪伴孩子成长过程中,最重要的是给孩子传递好的价值观,让孩子成为一个不卑不亢的人,面对家庭条件好的不羡慕,面对不如自己的不歧视,用自己的双手改变命运。

父母在自己能力范围内给孩子最好的,无愧于心,这样的家长都是最好的家长。

第二个原因,父母认为孩子当下的成绩决定孩子的未来。

很多父母焦虑的原因是担心孩子的未来。孩子的成绩到底意味着什么,估计很多家长都没有思考过。通常意义上,大家简单地认为成绩好就是学习好，学习好就是好学生，好学生就能上好学校，好学校就等于好前途。

通常大家口中所谓的好成绩，就是指用一套标准的试卷，去考不同的考生，分数越高成绩越好。

还原到本质，好成绩仅仅说明某位同学在这一标准测评下，对这套试卷知识的掌握程度赢了其他同学。

学历，从某种程度讲只代表着应聘者第一份工作被录用的概率。家长大可不必为孩子成绩焦虑，因为高 15 分低 15 分，能上的院校层次也不会差太多。更何况现在这个社会，学历只是一块敲门砖而已，一个人能走多远主要还看以后的发展。

孩子能成为什么样的人，成绩只是一个方面。家长应该帮助孩子梳理更远大的理想和目标，而不要只用一个标准来衡量自己的孩子。

第三个原因，对孩子的生活环境过于担心。

一部分家长对于孩子的成绩保持平常心，却焦虑于他们生活的环境和状态，担心自己的孩子学坏或者不能保护好自己。

网上经常报道一些负面新闻，比如校园暴力和网友见面等。看到这些新闻，家长就不由自主地担心，是不是现在社会不安全，社会太乱了？其实并不是现在的社会比以前乱，而是现在处于自媒体时代，信息传播比较广比较快，我们获取信息的渠道增多了。在这之前，我们只能通过电视和报纸了解各种信息，很多事情如果电视报纸未播报，我们根本不知道。现在互联网、自媒体发达，任何不寻常的事经过互联网都会被瞬间传播开来,马上便无人不知无人不晓了。

相比于社会环境,家长更担心周围环境对孩子的影响。比如,与学习不好的孩子一起玩耍,担心孩子成绩下滑;怕孩子在网上认识一些不三不四的朋友;与社会上的朋友一起玩耍,怕孩子沾染抽烟喝酒的毛病。家长始终关注着孩子身上发生的一切,一旦与自己预想的有所偏差,就干涉孩子的具体决定,甚至动不动发脾气,从而导致家庭矛盾。

家长面对孩子的安全问题不要过度关注。面对孩子潜在的安全问题,应该告诉孩子如何面对,发生了应该怎么解决,如何预防才能保证自己不受伤害。面对孩子有可能"学坏"的问题,可以提前和孩子一起制定好规则,而不是一味说教、禁止和惩罚。制定规则之前一定要让孩子明白,这些行为哪些你能接受,哪些不能接受,底线在哪里。

面对复杂的社会,与其把孩子管得严严实实,不如搞清楚什么该管,什么不该管,底线在哪里。

第四个原因,就是家长对孩子情绪过度负责,想用一己之力让孩子开心。孩子到了青春期,会遇到各种各样的问题。很多家长没有转换过来角色,认为孩子心烦了,要帮他解决烦恼,孩子焦虑难受了,自己比孩子还要难受。这种家长和孩子沟通的时候都会小心翼翼,生怕自己让孩子不开心了,认为只有让孩子开心,自己才是一个称职的家长。

家长在高中不必过分关注孩子的喜怒哀乐，要从"孩子开心我才会开心"这种焦虑中走出来。父母要引导孩子学会控制自己的情绪，包括消化不良情绪。

当家长不在为孩子的不良情绪而担忧时，孩子会感知到你对他满怀信心，对他充满信任，他更会努力用自己的方法处理好一切。

高中家长先要调整好自己，才能教育好孩子。

阅读这本书的家长大部分有着超前的教育意识，但可能还是会不可避免地陷入一个教育误区，那就是不读书就没有出路，没有未来。

现在我们抚养的孩子是"00后"和"10后"，他们的成长环境和父母的成长环境截然不同。在互联网下长大，视野开阔，个性鲜明。生活物质条件大大提升的今天，他们对物质匮乏没有感觉，他们的消费观念和生活观念与父母相比也有很大的不同。

在时代的鸿沟面前，家长和孩子之间的价值观分歧是造成家庭矛盾的主要原因。在出现矛盾时，孩子是能感受到父母情绪的，父母的情绪会传递给孩子。想要更好地帮助孩子，首先是父母不焦虑。

家长怎样才能不焦虑呢？

不妨转移注意力，试着对自己好一点。

想一想，你和爱人多久没去吃一顿像样的晚餐了？你们多久没有一块旅游了？高中学习压力太大，每个家庭成员都变得紧张起来，甚至有些妈妈放弃了工作，辞职回家做全职妈妈。

家长的紧张情绪和自己的压力都会传递给孩子,这对孩子的成长非常不利。当你将注意力放在自己身上,并试着对自己好一点时,再去看一些问题,你可能就会发现和之前不一样了。

最好的教育就是耳濡目染,父母的心态怎么样,孩子的心态就会怎么样。如果父母放弃了自我的快乐,把培养孩子当成唯一的主题,那绝不是孩子的幸运,而是孩子的不幸。

第三节 孩子沉迷手机,父母可以这样做

现在孩子的一个学习隐患,就是手机。手机对某些人而言已经是"人体外的器官",寸步不离身。

面对孩子玩手机,家长第一步要判断孩子是不是上瘾。

天天刷视频玩手机不一定是上瘾,也可能是一种习惯。习惯是指一系列的重复行为,可能是无意识的,比如休息的时候没事就拿起手机。上瘾是不可控的,是一种强迫的行为,有一股无形的力量推着去做。

其实大部分孩子玩手机只是一种习惯。玩手机是习惯的孩子,父母叫他停下来,他就会停下来。

为了防止孩子玩手机,很多父母的做法是不准孩子碰手机,一旦发现立马没收。这个方法是不可行的,一方面,孩子在高中阶段需要社交,需要跟同龄人交往,对于微信、QQ和一些其他媒体账号,如果没有会显得格格不入;另一方面,尽管很多父母不给孩子手机,

但孩子总会想办法弄到一部"地下手机"。把孩子和手机完全隔开，是一个治标不治本的方法，想要改变孩子玩手机的习惯，需要找到根本原因。

高中阶段的孩子，已经知道学习的重要性。高中假期很短暂，孩子之所以玩手机很可能是不知道干什么，这个时候父母可以带孩子散散步，和孩子聊一聊，为孩子准备一些孩子喜欢的、可以替代手机的活动。

高中有一部分孩子，他们喜欢刷视频，而且控制不好自己，这是所谓的上瘾吗？

上瘾的标准有三个：第一个标准，对手机控制不住，比如有的孩子本来只想玩两个小时，结果玩了一个通宵；第二个标准，玩手机置于其他活动之上；第三，出现了不良后果，但仍然停不下来，比如休学逃课玩手机等，只有符合上面三个标准，并且持续 12 个月以上才算上瘾。所以偶尔一次刷视频超过了时间并不是上瘾。

准确来讲，高中孩子大多数都是对手机形成了依赖，而不是上瘾。

孩子对手机形成依赖一般原因有三种，只有找到孩子痴迷的原因，才能对症下药。

第一种是高中阶段的孩子，总希望成为最受瞩目的那个人。被瞩目的方法，最常见的是成绩好。成绩好受人瞩目，往往也是最难的。受人瞩目最简单的方法就是网络游戏，在游戏中比较容易取得成功，反馈也最快，它很容易让孩子获得认同感、成就感。通过手机游戏收获别人的关注这一方法一般以高中男孩居多。

70

在游戏里想要成为强者，一种途径是花钱买装备，另一种途径是花时间积累自己的技能，然后跻身到强者之列。在游戏中可以结婚、交友、组团队，在现实生活中很难办到的事情在游戏中很容易办到。

如何正确引导孩子呢？这里给大家三个建议。

一是让孩子了解什么是真正的成功。要让孩子知道所谓成功，不是单一方面的，而是综合的。

二是要和孩子心平气和地沟通，告诉孩子玩游戏不是最牛的，最牛的是运营游戏的内在逻辑，以及游戏的制作过程，用这个来激发孩子的学习动力。

三是培养孩子其他方面的优势，让他明白，在现实层面还有很多事能得到别人的青睐和瞩目。

依赖于手机的另一种情况，就是对互联网交友的依赖。这部分孩子大多数是女孩子，女生往往比男生更敏感，更容易在意别人是否理解她，是否在意她，能否真正倾听她。她们讨厌孤独，讨厌被人误解，所以当朋友和家长不能满足自己的情感需求时，她们就会从他人那里寻找依赖和安慰。

面对这种情况，家长首先要做到认真倾听，不要误解打击孩子，尊重孩子选择朋友的自由。引导孩子建立自己的交友底线，如果父母能够成为孩子的倾诉对象，那最好。

还有一类学生不喜欢打游戏，也不用来交友，但也离不开手机，他们用手机来追星。男孩子追篮球明星，看比赛，女孩子追歌星影

71

星。孩子追星，很多时候是因为他们有了合群的需求。有一个共同的偶像，也就意味着和同学有了更多的话题。

面对孩子追星，家长应该怎么做呢？

第一，掌握好度。一些看似影响学习的事情，你不让孩子做反而更可能影响孩子的学习效率和效果。

第二，如果知道孩子的偶像是谁，尝试了解他的偶像，看看那个偶像到底是一个什么样的人，孩子到底喜欢他什么，找到他身上的优点，以此引导孩子，这就是榜样的力量。

第三，了解孩子喜欢偶像的原因，然后正确引导孩子。有些孩子单纯因为一个明星帅而喜欢这个明星，这个时候父母需要引导孩子不能关注一个人的表面；而大多数明星身材保持很好，父母就可以往自律和习惯上引导孩子。

第四，激励孩子，只要好好努力，将来就有机会见到他喜欢的明星，甚至还有可能与他们一起共事，比如未来开了公司请他们代言。

总之，面对孩子手机上瘾的问题，家长要冷静、再冷静。还有一点很关键，就是提前预防比出现问题再解决更重要。

手机成瘾怎么预防？

第一步，倾听孩子的需求，要听听孩子到底是怎么想的，有什么需求。如果家长不顾孩子的需求，只知道给孩子提要求，比如告诉孩子一切为了成绩，不许打游戏，那么孩子很可能会出现逆反心理，原本不爱玩游戏的孩子，也可能沉迷游戏。

第二步,尝试和孩子做朋友,和孩子一起制定上网规则。和孩子做朋友就要平等尊重,要以身作则,不要当着孩子的面玩游戏、刷手机。

第三步,寻找趣味健康活动,比如读书、跑步、旅游等,来替代玩手机。

面对孩子依赖手机,家长第一步要分析这是上瘾还是习惯;第二步分析它属于依赖手机的哪一种情况,并对症下药;第三步,在解决问题的同时,预防孩子手机成瘾。

父母只有先接纳孩子玩手机这个事实,才可能重新出发,进一步梳理出合理的解决方案。

第四节　学会沟通,和孩子打成一片

如果说人类社会是一张网,那么每个人都是网上的结点,而人与人之间必须有线,才能互相连接,否则这些结点就无法形成网,无法成为组织、成为社会。人与人之间的这根"线"就是沟通。

沟通很重要,这是显而易见的事。对于教育来说,没有沟通,就没有办法进行有效的教育。如果和孩子交流起来很困难,你就无法知道孩子最在意的是什么,也无法知道孩子在担心什么,更不知道他需要什么。

当我和高中孩子父母在一起的时候,经常被问到的问题是:"孩子放了学,门一锁,一句话也没有,手机还设上密码,问什么也不说,这该怎么办？"我组织过很多沙龙活动，在这些活动中发现，父母认为到了青春期孩子叛逆讨厌父母是正常的，父母认为他们和孩子之间的沟通已经断了；还有很多高中孩子的家长，他们把孩子当作宝贝一样供着，如果孩子不和他们沟通，他们采取的方式往往是顺着孩子，他们认为孩子已经长大了，父母对他们来说似乎没那么重要了。

高中孩子之所以不想和父母说话，是因为大多数父母一开口只有两件事：要么审问成绩，要么唠叨一些事还没有做（比如家庭作业）。这并不是一个良好的沟通基础，一般我会告诉家长"做个让孩子喜欢的家长吧"，不要过多讨论成绩，讨论成绩也是需要方法的。

想要和孩子恢复沟通，首先要建立起关键思维模式。在这个模式基础上，你才能真正了解青春期的孩子。

关键思维就是孩子比父母看起来更需要父母。很多家长认为不可能，孩子看见自己就排斥，能躲多远躲多远。其实孩子只是在用躲这种方式试探父母，因为孩子在青春期，在高中，他担心的事情有很多，包括担心成绩不好对不起父母。孩子压力非常大，但是慢慢地孩子发现他需要自己承受，他觉得自己已经长大了。当父母反复追问成绩的时候，他也在努力，但是他只想报喜不报忧，慢慢问得多了他只能逃避，也就不想和父母说话了。

高中孩子是有进取心的，也是非常敏感的。他们和父母的关系就好比坐过山车，他非常紧张，坐过山车的时候，他发现没有安全带,只有一个压杆,于是他在不停地反复推拉这个压杆,他需要确认自己需不需要压杆。父母就是这个压杆,孩子对压杆的抗拒越狠,表面看起来是推,其实是想把它攥得更紧。

这是一个关键思维,就是父母对于孩子来说很重要。

掌握关键思维还不够,想和孩子好好沟通还需要掌握方法和技巧,首先要知道交流时可能出现的情况。

1. 孩子会交流,但是不在父母选择的时间。

2. 孩子会交流,但是不会谈论隐私的事情。

3. 孩子会交流,如果感觉谈话变成了审问,就不会再交流了。

4. 孩子感觉父母没有听懂,或者父母很忙,就不会交流了。

在和孩子沟通时,父母要把握好交流时机和交流方式。约翰·科尔曼博士指出,想与孩子沟通没有那么难,要把握好以下几点,包括找准时机,采取有效的方式,双向沟通,多分享自己的世界,善于倾听孩子。

1. 找准好时机

和孩子交流时,要选择孩子情绪好的时候,在孩子放松和开心的时候和孩子交流。比如在一起看电影时,或孩子喜欢的球队赢得比赛时,或一起散步时,如果孩子不想说,父母就暂时忍住不说,等孩子想交流的时候再说。

2. 采取有效的沟通方式

沟通的时候避免过于直接,这会让孩子感到有压力,比如避免直接问孩子成绩和作业,可以从孩子的爱好和感兴趣的话题切入,再慢慢过渡到想谈论的话题，如果孩子还是不想说，那就尊重孩子。

3. 父母多分享自己的世界

在高中，榜样的力量是很大的，父母可以主动分享自己的世界，努力成为孩子的榜样，这样往往能带动孩子谈论自己的事情。

4. 放下自我，学会倾听

沟通过程中，倾听是必不可少的，而且是非常重要的。在家庭当中，倾听有助于家庭和谐。在实际沟通的时候，我们总是急于给别人建议、安慰，或者表达我们的态度。

想要良好的沟通，需要拥有出色的倾听能力，可以这样做。

第一步：深呼吸。平稳自己的情绪，将注意力集中到说话者身上，让自己能够调整心态，静下来认真听对方讲话。

第二步：提问。在倾听的过程中，适当提一些问题，这样既针对对方的说话进行了反馈，也传递了对孩子的尊重和关注。提出的问题可以是开放性的，也可以是封闭的，目的是诱导孩子继续表达，将内心的话都说出来。

第三步：复述。倾听之后，复述一下说的内容，保证信息是完整的，避免沟通出现差错，避免理解有偏差。

要想和孩子沟通，先要让自己学会倾听，做一个善于倾听的人。

除此之外，沟通时要注意三点。

第一：观察，只讲事实，不加入评判。很多家庭在沟通开始就陷入困境，是因为他们的表达不是描述事实，而是带有评判色彩。比如，孩子犯了一个小错误，妈妈一上来就指责："你总是这么不小心！"

在沟通没开始之前，就直接加入评判色彩，孩子一定不舒服。这是在给孩子贴标签，没有人喜欢被别人贴标签，因为贴标签是对孩子的不尊重，直接就把自己放在了孩子的对立面，一些本不该发生的矛盾因此而发生。

所以在沟通前，父母不要评判，而要把我们看到的和听到的事实讲出来。

第二：感受，说出真实感受，挖掘真实需求。当你说出自己观察到的事实之后，再表达自己对他的担心，并及时提出你的需求，就是希望他改变，此时孩子多半能理解家长的担心。彼此敞开心扉，沟通就顺畅多了。

第三：行动，提出具体可执行的方案。当我们能够和孩子敞开心扉聊天后，很容易挖掘到孩子的真实需求。当挖掘到孩子的需求后，还需要给孩子制定一个可执行的方案。比如孩子没有整理错题的习惯，你可以这样说："你愿不愿意跟我一起想办法，养成整理错题的习惯？"这样的沟通方式远比"你要每次整理好错题"更有效，当孩子和你一起想办法攻克难关的时候，很多问题也就不难解决了。

在给出可执行的方案时，一定要注意给的是建议，不是意见。在沟通语气上，一定是可以商量讨论的，不是给孩子下命令。

和孩子沟通其实没那么难，关键要先转变认知，明白孩子是需要父母的，然后选择适当的时机，努力和孩子成为朋友，同时在沟通的时候学会倾听，倾听之后不要评判，而是多去观察，说出自己的真实感受,挖掘孩子真实的需求,再提出具体可执行的方案。如果能够把这一串方法运用好,相信每个父母都是育儿高手。

沟通是一门学问,如果家庭已经产生孩子不和父母沟通的情况,那么每次沟通的时候都会带着火,这个时候我们如果能够先读懂孩子的内心,再利用上面的方法进行沟通,那就事半功倍了。

孩子的内心独白如下:

表面看见父母就生气,内心独白是"当父母和我争对错的时候,对错不重要,重要的是气势不能输"。

表面非常自我,内心独白是"即便父母说得对,那也是他们的想法,不是我的"。

表面特别在意隐私,内心独白是"父母说话不是盘问就是唠叨,不尊重我的隐私"。

表面情绪多变,内心矛盾摇摆不定,内心独白是"别来打扰我、指挥我,我遇到麻烦你们及时出现就好了"。

表面门锁了不让进,内心独白是"此时我不想沟通"。

表面进家门一句话没有,内心独白是"天天审问,不说话就好了"。

表面啥都不让说,内心独白是"感觉父母很忙,与其心不在焉地和我交流,不如不交流"。

掌握了孩子的心理,再掌握正确的沟通方法,那么和孩子沟通起来就畅通无阻了。

总有家长想了解孩子"今天在学校过得怎么样",咨询工作做了这么多年,我整理了 10 条,希望能对亲子关系的缓和有帮助。

如果你是老师,你愿意教什么课?

如果你有读心术,你最想读懂哪个老师的心思?

你觉得你们班里哪个同学最有可能成为领导/成为百万富翁/成为演员?

如果今天你只能上一堂课,你选择什么?

你觉得在学校最应该做的三件事是什么?

你认为上学最重要的部分是什么?

你今天最难忘的事情是什么?

你最喜欢班级哪个同学?

你认为班级哪个同学的家长最好?

你觉得放学后老师们会在办公室里讨论什么?

和孩子沟通是讲方法,讲策略的。如果你认为和孩子很难沟通,一定是你的方法不对。

第五节　学习太累精力不足,抓住三个关键点帮孩子恢复精力

制订了详细的学习计划,每天学到深夜,付出了百倍的努力,但成绩还是没有提升。晚上熬夜学习,导致白天学习状态不佳,又不敢放弃。这是很多高中生的现状。

对于高中孩子来说,他们的世界太不容易。很多高中孩子不仅

要面对学业的压力，还要面对睡眠不足问题。为了学习牺牲了睡眠时间，但是到了课堂上效率又低了，想做的事情太多，可是时间远远不够用！其实并不是时间不够用，而是精力没管理好。

孩子一天学习12个小时，上午拼尽全力努力学习，整个上午效率极高，到了下午仍然竭尽全力学习，但效率却没那么高了，这是因为上午已经消耗了大量能量。想要提升效率，必须调整好状态，做好精力管理。

人的精力到底从哪里来？从精力管理的角度看，精力包含身体、精神、思维、意志四个层次的来源。良好的身体素质、积极的情绪状态、随时能进入状态的思维以及超强的意志力，四个方面共同作用，可以让孩子保持最佳状态。

人的精力由四种能量构成，它们可以组成一个"精力金字塔"。

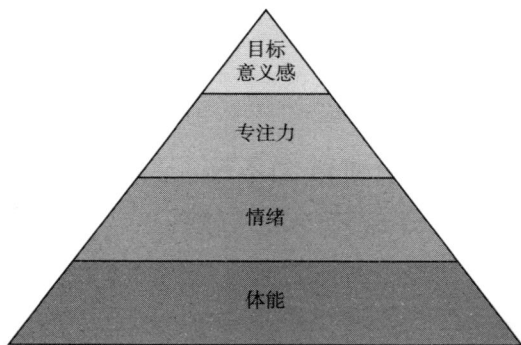

精力金字塔

只有知道哪层出了问题，才能有的放矢，对症下药。了解精力状况，除了要了解一天的精力水平和精力波动之外，还要了解精力受到了哪些因素的影响,解决问题还是要从根源处出发。

精力的底层是体能,体能又包含运动、饮食和睡眠。

体能好的人精力会更加旺盛。医学研究发现,体能好的人,尤其是心肺功能好的人,大脑供血、供氧都会更好。这类人不但效率高,而且长时间工作不易疲劳。

精力管理概念最早在运动领域被提出,运动员在赛场上要充分调动肾上腺素等各种激素,发挥身体爆发的最优状态,这是非常消耗精力的,短时间内普通人根本缓不过来,但训练有素的运动员很快便能恢复,这与他优秀的体能和良好的精力管理习惯有关。

所以在高中加强锻炼也是非常重要的,不要为了学习把仅有的一点运动时间都让出去。同时,锻炼有很多好处,比如可以促进思考,提高认知能力等,慢跑可以让人进入和谐的状态。

睡眠也非常重要。在美国航空航天局对抗疲劳的实验中发现,小睡 40 分钟效能可提高 34%,并达到完全清醒的状态。哈佛大学研究员也发现,参加多项任务的受试者精力可能会降低 50%,而只需午睡 1 小时就能重新恢复精力。

要想精力充沛,首先保证关键睡眠。三个关键睡眠点,让你精力充沛。

1. 早起,迅速清醒

早上的阳光有利于身体里血清素(它能控制睡意)的合成,让我们保持活力。如果觉得还有点困,可以做一些运动,让身体温度升高。早起对于大多数高中生来说都没问题,但有一些同学习惯提前定闹钟,然后睡个回笼觉,这是万万不可以的。早上起床要果断,防止在脑海里作斗争,导致精力消耗。

2. 午睡,让大脑更轻松更清醒

很多孩子硬撑着学习,一边打哈欠,一边学,想着多学一会儿是一会儿,其实早就"头晕眼花",看不进去了。

学习效果＝学习效率×时间。

光拉长学习时间,学习效率低下,并不会带来好的学习效果。

为了更高效地学习,不要不舍得花这些时间,必须午睡。

3. 早睡思维,带来积极心态

熬夜,不仅不能提高学习成绩,还危害了身体和思维。

熬夜,只是学习时间更长了,并不会让人因此学得更好,很多时候恰恰相反,不少孩子熬到最后只能应付了事。

如果熬夜得不到想要的回报,那么他们的积极性、热情会大大受挫,对学习没了热情,自然会越来越焦虑。

保证睡眠是提高学习成绩和学习效率的前提。

饮食也是体能的三大基础之一,饮食方面可以少食多餐,同时还要注意科学饮水,因为喝水不仅可以满足身体对水分的需要,也可以让我们在长时间专注学习的时候通过喝水来对思维进行一个调节和切换,避免精力的过度消耗。

体能是精力充沛的基石,积极的情绪对精力的影响也很大。

积极的情绪可以为精力提供动力,主要包括自信、自控。情绪对人的记忆力、认知力、判断力和决策力都有很大的影响。正面的情绪可以使我们做事事半功倍。可以说,积极正面的情绪是精力输出的保障。

如何保持积极的情绪呢？一是要心怀感激,比如可以写一些感动的事情,每天回顾一下,另外要对生活进行展望;二是收获成就感,比如每天完成有意义的小目标。

另外,我们还要引导孩子学会化解负面情绪,一方面可以让孩子进行有边界的倾诉和释放,另一方面引导孩子针对问题积极思考。

保持积极的情绪,还要划清确定性和不确定性。生活充满了不确定性,不确定性是压力的来源之一。面对不确定的事情,只要顺其自然就好了。

体能是精力充沛的基石,积极的情绪是不可或缺的精力来源,而持续的专注力是能量的高阶来源,目标意义感是顶级精力的能量来源。目标意义感属于意志层面,是人生的操作系统,是驱动人做事的底层逻辑。有意义感的人生会让人感到精力充沛,意义感和成就感紧密连接。

目标意义感是能量来源最顶端的部分,也是最容易被忽视的部分。

一个孩子没有目标意义感,就像在丛林里赶路没有指南针一样,学习和生活中出现了什么问题都会被动应付,没有目的,没有章法,无精打采在原地打转。

有目标感的孩子,会更加积极主动,会更有选择权和掌控权,他们做每件事都目的明确、效率满满，甚至每天、每周、每月都在为了目标而奋斗。高中阶段的生涯规划对于目标的建立尤为重要。

高考就像跑马拉松，是不可松懈的。充足的体能和积极的心态以及一往无前的目标，无论缺少哪一种，我们都会精神疲惫不堪重负。

人是一个复杂的系统，精力来源并不单一，它同时需要多方面的动力。

第六节　生病学习跟不上，有了三个小锦囊不再愁

高中时间紧任务重，很多孩子一不小心就会落下功课，导致学习吃力跟不上。生病是不可避免的，想要生病不落下功课只能掌握自学的技能。

生病学习跟不上，客观原因是知识量的增加和学习难度的提高，根本原因是因为学习策略和学习方法没有得到有效升级。

生病不可避免，谁也无法确保孩子三年一次也不生病。成绩好的孩子，生病一个星期或者两个星期回到学校使劲补补没有多大问题。成绩中等的孩子只要落下两个星期以上，学习就非常吃力了。如果生病时间超过一个月，那么无论是成绩好还是成绩不好的孩子，都很难跟上，要知道高中一个月几乎要上一个科目的大半本书。

高中，可能遇到这样的情况：

1. 有的老师讲课妙趣横生，有的老师讲得索然无味。

2. 有的老师讲得节奏飞快，内容超出课本内容很多，有的老师

照本宣科。

不管在哪里读书,孩子都有可能遇到这样的情况,遇到难以适应的老师,或者突然生病落下了课程。

无论是生病,还是由于老师的课程难以适应,这都是孩子自己应该解决的问题,而解决问题的方法就是要学会自主学习。

高中知识量和学习难度的增加,是学生无法改变的。学生唯一能改变的,是升级自己的学习策略和学习方法,提高学习效率。而最重要的学习方法就是自主学习,自主学习包括预习、上课、做题和纠错。

学习跟不上,第一个小锦囊就是做好预习。

生病时间比较短,一天或者两天,其实做好预习,然后回学校再认真听听课也就跟上了。

把老师要讲的内容简单看下,或者把相关题目做一下,这并不是预习,而是翻书。预习要有结构,要有框架,要把握整体,这样才能把前后内容贯穿衔接起来。

麻省理工学院史上学习速度最快的毕业生叫斯科特·扬,在一年的时间里他学完了 33 门课程。他把自己的经验写成了一本书,叫《如何高效学习》,这本书介绍了很多实用的学习方法,比如:

搭建学习结构网络,编制知识网;

学习时想象你在教别人;

有清晰的目标,没有学习目标是乱学;

管理好精力。

根据他的经验,结合多年的咨询经验,我整理了一套适合高中

生自主学习的方法。在高中,预习可以从搭建框架结构、厘清脉络、明确解决问题的类型、分析如何出题这四方面展开。具体如下:

1. 搭建框架。框架是指学习的知识网络,比如这一本书都学了哪些内容,每一个知识点是从哪些维度展开的等。以"导数"为例:什么是导数? 导数解决什么问题? 常见的导数类型是什么? 怎么延伸导数等。当我们对每一门学科以及每一个知识点的框架都有了整体的把握后,就进入下一步。

2. 厘清脉络,了解重要性。搭建出整个框架之后,再厘清每个知识点和整体的脉络关系,分析出哪些知识是重点。

3. 明确解决问题的类型。比如当学到不等式时,要知道它的作用是什么,解决什么类型的问题,使用条件是什么。

4. 分析如何出题。当预习完这个知识点做具体练习时,总结一下题目是如何把知识点串联到题目中的。了解了出题方式,解题也就不难了。

如果生病在家一周以上,光靠预习并不能让你学透所有的知识,还需要上课和练习,这就是第二个小锦囊。

如何上课呢?

现在是互联网时代,学会利用搜索引擎,学习才能走上快车道。学校老师的课和网上知名老师的课有什么不同呢? 对于高中应试而言,知识点是一样的,只不过讲解的老师有自己的特色而已。预习完之后,可以找到对应的知识点去听一下网课,再对比判断一下自己的理解是否有出入。怎么筛选确定跟哪个老师上网课呢? 很简单,第一看是不是有课程体系,尽量不要听碎片化的知识(认定一个老师跟他学就好了,老师讲这些基础知识绰绰有余);第二,判断这个老师的讲课风格是不是自己喜欢的,是就跟着,不是就再换一个。

听完课之后,拿出相应的练习册去做。进行练习册选择的时候,一般选择整理型练习册,不要选择习题型练习册,而且选择一套或者两套就够了,不要买很多。其实不同教辅资料的知识框架和重点都差不多。

很多学生学知识占用不了太多时间,但做作业就不一样了。而在所有的作业类型中,解答题和背诵占用时间最长。

解答题费脑,有时候光想思路,就会消耗掉学生 20 分钟左右的时间。如果当天有 3 道这样的大题作业,可能就会消耗一个小时。而背诵,挑战孩子的耐性和自信心。

如果孩子生病了,精力大量消耗,那么要根据自己的情况而定,判断自己到底适合在什么时候进行题目练习。

自主学习的第三个小锦囊就是学会纠错。纠错,顾名思义就是改错,一般涉及错题本,而在实际情况中,90% 的学生不会用错题本。

想要改变使用错题本效果差的局面,就要掌握科学的方法。

科学使用错题本,需要注意三点:

1. 分学科记录,分专题记录

这样查找起来更高效,可以利用预习时搭建的框架,使错题与之相对应,这样复习的时候更有针对性,思路也更清晰,记忆效果也会更好。

2. 科学筛选错题

记录错题时,要筛选有代表性的、价值比较高的错题。比如能够完整阐述某个重要概念的应用题,或设置陷阱更容易把人带偏的理解题,这些题都是价值比较高的题。

3. 错题要分层次

错题记录好后,并不是每一道题都花同等的时间去复习。我们可以根据题目的重要性以及难易程度将错题分类,如果时间有限,就复习最重要的题。

高中自主学习就分为上面这三步:预习、上课加练习、纠错。

一个会自主学习的人,也一定有自律的能力。

生病在家,自学需要制定科学可行的学习时间表,这个学习过程没有老师管,没有家长逼,也没有同学陪。高中如果你提前拥有了自学能力,将来在大学甚至在职场中也能更快地收获新技能。

利用这三个锦囊,第一做好预习,第二上好课、做好题,第三改好错,升级学习策略和学习方法,把学习效率提升上去,这样学习便不容易再落下。

第七节　在家里营造良好的家庭氛围和学习环境

高中时间紧任务重,孩子需要一个好的学习氛围和环境。在家里,父母不仅要让孩子有学习环境,还要有学习氛围。

家庭氛围分为四个层级,第一个层级是拥有学习环境;第二个层级是拥有良好的家庭氛围，而良好的家庭氛围是好成绩的基础；第三个层级是拥有一个学习型家庭氛围；第四个层级是打造"书香门第家庭"。

书香门第家庭是家庭氛围的最高层次。

教育专家孙云晓曾说："养成读书习惯，等于在孩子的心里装了一台永动机。"我非常赞成这句话。读书，让孩子学到了课本上学不到的知识，很好地补充课本知识的不足；读书，让孩子懂得了老师、父母所不能教到的做人道理；读书，让孩子学会了正确处理学习和生活中的各种问题的方法。

即使在高中，也需要努力为孩子打造一个孕育着书香气息的家庭。暂且不说读书对一个孩子健康成长带来的好处，就说它对高考的好处。现在高考跟书联系得越来越紧密，对综合素质要求越来越高。尤其倾向于文科的孩子，只了解课本内容是远远不够的。因此，即便高中阶段学习非常紧张，家长也应该让孩子在空闲的时候抽出时间来阅读。

能有一个"书香门第"的学习环境，是一个孩子的幸运，而让孩子安心学习的前提是良好的家庭氛围。

良好的家庭氛围是学习提升的必要因素。

孩子会把大人当成自己的后盾，这个后盾够不够坚固，取决于父母之间的关系。父母是恩爱的，孩子就能从父母身上获得无形的动力；父母经常争吵、闹矛盾，孩子便会产生极大的被抛弃感。

一次自习课，我在各个教室"巡逻"，发现一个孩子趴在桌子上睡觉。我怕吵醒他，看着他萎靡不振的样子，课下我把他"请"了过来，还没等我开口，他就对我说："李老师，你别管我了，我根本考不上好大学！"

作为老师，我对他的情况非常了解，他虽然成绩不是特别好，但反应速度却是一流的，认真学的话提高成绩不是那么难，但无论我怎么说，他都很悲观，他始终认为自己不是学习的料，走不通学习这条路。

我是一个咨询师，有时候不仅帮学生解决一些问题，也帮助家长解决一些困惑。我和很多家长关系都不错，于是我打电话给孩子妈妈。孩子妈妈告诉我，她和孩子爸爸在一个单位，最近要进行职业资格考试，他们已经有 20 年没学习了，要是因为成绩太差被辞退，家里的日子就没法过了。

在家长眼中，单位要进行考试，这不是一件好事，因为这毕竟有被炒鱿鱼的风险。但是任何事情都有两面性，从另一个角度来讲，这却是一件好事，因为孩子可以和父母一起学习，这样可以激发孩子的热情。

但是现实情况是，家长盲目地朝悲观方向思考，在这样的家庭氛围中，孩子能不悲观吗？

每个孩子都是在家庭里成长起来的，不同的家庭氛围造就不同的孩子。不要总埋怨孩子懒惰、悲观、不积极，他们身上的这些缺点在你身上也许都存在，因为孩子是父母镜子里的父母。想要让孩子好好学习变得优秀，必须给孩子营造健康的成长环境。

营造良好家庭氛围的前提是父母要控制好自己的情绪,以及巧妙地处理好夫妻之间的关系。

家庭氛围是学习氛围的基石,好的学习环境是学习氛围的必备条件。高中孩子有了一定的自律能力,也有了进取心。当家庭氛围温馨和谐的情况下,要努力为孩子打造一个好的学习环境。建议家长把家庭区域分为生活区域和学习区域。两个区域隔离开来,这样可以阻断多余的信息,有了隔离地带,防止孩子分心,只要孩子进入学习区域就可以全身心地投入学习。

有了良好的家庭氛围和学习环境,绝大部分自律的孩子在这个氛围里都可以正常学习了,但还有一部分孩子专注力不够,自律能力不是特别强,没有目标,此时就需要家庭其他成员的参与了,努力为孩子打造一个学习型家庭环境。在这个环境里,孩子和父母一块成长,孩子在父母的带动下,慢慢坚持下去,直到养成习惯。

如何打造一个学习型家庭环境呢?

1. 建立共同的愿景,设置家庭目标。

以一周、一个月、一年为单位,和孩子坐在一起,把他视为家庭里不可或缺的一分子,共同探讨家庭目标,然后再落实到每个人应该完成什么事情上。

2. 全员学习,帮助孩子提升专注力。

在孩子进入学习区的时候,父母和孩子一样进入学习区,来进行自己的学习。父母也可以把自己的学习目标给孩子看,在共同激励下一块成长。

3. 在家做个会鼓励孩子的家长，报喜不报忧。

鼓励不等同于盲目赞美，与"你真好""你真棒"等廉价的赞美有根本上的区别。正确的鼓励方法可以让孩子真正意识到自己的优势所在，进而从源头上找到动力。

教育孩子的方法有"赞美法"和"鼓励法"，高中孩子的理性分析能力越来越强，小儿科的"赞美法"很难奏效，鼓励法是最好的方法。如何使用鼓励法呢？一般来说，高中孩子不愿意多花时间和家长交流，但家长会后孩子一般都会询问家长会上的情况，这时家长就可以对孩子进行鼓励了。

高中家长会很重要，没有家长不关心的，但是面对家长会上老师反映的情况，家长要多把"喜"传递给孩子。

另外，在打造学习型家庭的时候要注意：

1. 父母要带头学习；

2. 家庭要明确大目标和每个人的目标；

3. 遇到困难时要相互理解、相互鼓励。

学习成绩不会无缘无故地不好，当孩子的精力被其他事情占用时，自然没有办法全身心地投入学习。努力为孩子营造好的学习环境和氛围，让孩子的学习更进一步。

第三章

情绪管理

没有觉察的父母,终其一生都在重复着自己的教育方式;没有觉察的孩子,始终用他自己的方式去面对生活。高中阶段的孩子,由于自身的成长和学习环境等压力,情绪会反复无常,家长要想办法缓解孩子的压力,疏导孩子的情绪。

第一节 降低期望,减轻压力

很多家庭教育的悲剧,都源自父母对孩子的期望过高。

高中孩子面对父母过高期望的表现方式大致分为两类,他们面对父母过高期望的做法截然不同。

一类听话懂事、温顺乖巧、习惯于服从成人命令,这些孩子会把父母的期望当作自己的内在期望和要求,并且把父母设定的标准当作自己的行动标准。他们会按照父母的标准而努力,希望成为父母和老师心中的好孩子。父母对孩子要求过高,期望太高,处处不容出错，会导致孩子严格要求自己，并且设置一些不切实际的目标，向自己施压。这些孩子一旦努力了，但达不到自己设定的目标，就会因为成不了大人心中的好孩子而产生愧疚，甚至有可能形成强迫型人格。

还有一类孩子，面对家长过高的期望，他们采取的方式是对抗和抵触。这样的孩子面对父母过高的期望、过多的压制、过严的管教，一般采取阳奉阴违、消极抵抗的态度，甚至还会用过激的言语刺激父母。

孩子采取对抗和抵触的态度面对父母，往往跟父母不正确的沟通方法有关，比如拿自己的孩子和其他孩子比较，唠叨、说教等。

父母切记不要拿自己的孩子和别的孩子做比较。每个孩子都是独立的人，各有各的特点，不会朝着一个方向发展，这样的比较是没有意义的。每个人擅长的领域不同，别人家的孩子可能擅长考试，自己的孩子可能在其他方面有特长，父母如果非拿自己家孩子的缺点和别人家孩子的优点比较，会给孩子带来很大的影响。

经常拿自己家孩子和别人家孩子比较，会给孩子造成无形的压力，甚至会导致情绪低迷。

如果家长非常在意孩子某一方面的能力（比如学习）的话，可能会让孩子误认为这是成功的唯一评价标准。孩子在长期做不到的情况下，会怀疑自我，并且会背负极大的压力，甚至可能会自暴自弃。

经常和别人家孩子比较的父母，不仅会导致孩子背负巨大的压力，还会使自己越来越累。

"唠叨、说教"不仅是孩子抵触父母的主要原因,也是孩子压力增大,情绪爆发的主要原因。

在高中,很多家长特别是妈妈,跟孩子采取的沟通方式主要就是唠叨。唠叨就意味着反反复复和孩子说同一件事。高中阶段的孩子已经成熟了,有些事情说一遍就可以了。如果反复唠叨成绩,也会在孩子的潜意识里印上成绩的重要性,如果孩子达不到目标,就可能会选择逃避沟通,拒绝沟通。

大多数妈妈能意识到唠叨是不正确的沟通方式,于是她们又采取"说教"的模式。"说教"比"唠叨"更可怕,更容易导致孩子的不耐烦,严重的还会引起冲突。

父母把自己的期望寄托在孩子身上可以理解,但为了得到理想的成绩父母对孩子采用高度严格的教育方式,这问题就大了。

高度严格的家庭教育得到的成绩可能是斐然的,但过高的期望与要求会成为孩子巨大的压力。尤其是在高中,孩子的压力一部分来自学业,一部分来自父母的期望。

父母之所以会过度期待孩子,很大程度上是由于现在职场上的竞争压力让他们产生了片面的人才观。

每一个孩子都有一个梦想、一个目标、一个好的追求,他们的认知里对职业是没有偏见的。但父母不同,他们往往对职业非常敏感,他们会根据自己的遭遇对一个职业甚至一个行业下定义。在有些父母眼里,金融、经济领域容易挣到钱,于是给孩子定下目标,上好大学的金融专业。定目标时没有细致分析,没有规划实现路径,只是一味要求孩子提高成绩,上这所大学成了家长的信念。如果孩子有自己的梦想,比如教师、医生等,父母便会因为和自己的期待不同而向孩子传播负面观点。

父母应该首先摆正自己对职业的观念,再根据孩子的兴趣和发展给予自己的期望。

曾经有一个让我特别感慨的故事。在大学读书的时候,我和同学去访问美国著名的卫斯理女校,在图书馆看到了冰心、宋美龄等的入学资料,我对馆长说:"学校应该建立一个名人纪念馆,把这些出名的校友拿出来展览。"馆长却说:"你可能认为文学家、政治家是有所成就的,但我认为这所学校培养的每一个人都是成功的,她们中甚至有优秀的面包师、时装师,都是一样的!"当时这句话让我非常震惊,在他们心中,人的价值是一样的,并不是因为谁有名谁就高于他人。

父母对孩子喜欢的行业的偏见,是造成亲子对立的主要原因。父母根据自己的意愿为孩子制定遥不可及的目标,是给孩子带来压力的主要原因。

没有人必须做到完美,也没有人能做到完美,孩子也一样。父母只有把握大方向,接受小毛病,孩子才可以成长得更好。

家长应该在尊重孩子的基础上学会调整自己的期望值。调整自己的期望值,可以按照以下步骤来做。

第一步:在对孩子提出目标和寄托希望的时候,父母首先要自己去了解。

父母在给孩子选择大学专业和目标学校的时候，首先要对这个大学、专业、录取分数，以及位次做个了解，然后再结合孩子的实际情况进行分析判断。比如有的家长认为，要当律师，语言很重要，只要伶牙俐齿，能说会道，就具备了当律师的条件，这个观点很片面。

如果父母只根据自己片面的理解，根据某个行业社会工资高，听说某个大学好，就想当然地认为，孩子只要进入这个学校学习这个专业就是最理想的，这是很不科学的。

父母对大学或专业进行自我了解的目的，是确定自己的理解不是片面的，这样给孩子制定目标才更科学，沟通的时候才更有说服力。

第二步：了解孩子的兴趣爱好以及成绩所处的阶段。

父母对学校和社会职业有了科学的认识之后，要了解孩子的兴趣和爱好，判断孩子的爱好和兴趣是不是和自己的期望一致，不一致的话进一步了解一下孩子对自己目标的看法，判断孩子是否存在片面理解学校和专业的问题。如果没有，再结合孩子成绩看看能否上这所学校。

第三步：结合孩子成绩和他的目标以及父母的期望制定合理的目标，调整好期待尺度。

跟孩子详细沟通他对自己目标理解的片面性，补全父母对孩子目标的理解（要存在事实依据）。

诉说自己期望的目标，并分步说明原因。

最后根据成绩，列出清单，与孩子一起制定分数提升路线，一步一步向目标奋斗。

父母对孩子的影响是巨大的。只有期望合理，方法正确，才能真正激发孩子的动力，更好地帮助孩子达成目标，实现人生价值。

第二节　学会放手让孩子自己选择

人生其实是一个不断选择的过程。我们做出的明智选择越多，我们的人生越会幸福美满。然而现在的家长为了让孩子能够走好人生的每一步，从孩子交什么样的朋友，到穿什么衣服，再到吃什么东西，父母全程包办，使孩子几乎没了自理能力，甚至有些孩子成了"巨婴"。

家长要懂得放手，尽可能让孩子自己决定自己的事情，让他们亲身经历各种问题带来的挣扎，在正确和错误的选择中学会成长。

有时候家长看不惯孩子选择的衣服和发型，强令孩子改变。

有时候家长看不惯孩子某个爱好，强令孩子放弃。

家长对孩子的举动，透露出他们对孩子的担心。家长一旦担心，便很容易采取简单粗暴的做法干预。

家长简单粗暴地干涉孩子的选择，会导致孩子斗争和反抗，也会使一些孩子过度依赖，从而缺乏主见。

家长过度干涉孩子的选择，引起孩子斗争和反抗，这种情况经常出现。大多数父母在帮助孩子选择时，会马上否定孩子的选择，并没有考虑过孩子的感受。很多时候孩子在选择时只考虑自己是否喜欢,不考虑其他因素。面对孩子不成熟的想法,家长简单粗暴的干涉,只会让孩子变得更叛逆。

过度干涉,对孩子所有的选择都大包大揽,一旦养成习惯,会导致孩子成为巨婴,这是非常可怕的。生活中经常会出现一些患有"选择困难症"的人,他们中的很多人之所以会这样,原因之一就是经常听父母的安排,自己很少做选择,经常有人帮助他做选择。

现在亲子关系不和很大程度上是因为父母想要帮助孩子选择。

曾经一个学生给我留言,说:"李老师,我是一个女生,马上高考了。平时成绩不错,我喜欢的专业是法律,但父母却认为法律就业太难了,非让我学金融经济,他们认为这个专业未来发展会很好。每天父母都在给我灌输这个观念,还经常举一些例子,我到底应该怎么选?你能帮我和父母沟通一下吗?"

和这个学生一样,很多家庭都有同样的烦恼。其实这些烦恼都源于父母对于孩子做出的选择的担忧,他们认为孩子的选择是不科学的,不合理的,怕孩子走弯路,所以尝试帮孩子选择。

家长帮孩子做的选择一定对吗?不一定。家长的认知偏差会导致孩子人生道路的偏斜。就拿最常见的高考志愿填报来说,家长认为孩子根本不了解现在这个社会,但是很多家长不得不承认,自己对高校的了解也是道听途说,对专业也是一知半解。

对于孩子做选择带来的后续问题,家长应该学会在背后引导。

高中面临的选择越来越多,家长应该培养孩子的主见性,面对具体选择时告诉孩子选择的原则,不断提高孩子做选择的能力。

关键的人生选择,是可以改变命运的。

面对孩子的选择,家长应该如何做呢?

1. 了解和理解孩子的选择,并告诉孩子这样的选择可能产生的后果。

面对孩子的选择,家长首先要了解孩子为什么这样选。在孩子做选择的时候,家长要多问问"为什么"。比如孩子交朋友,家长可以问:"这个孩子身上的什么品质让你喜欢和他做朋友?任何人都有优点和缺点,你认为他有哪些优点值得你学习,哪些缺点你需要帮他改正?"只有了解了孩子的选择原因,才能更好地和孩子继续交流。

之后,告诉孩子选择时要多维度考虑。比如在专业选择上,孩子通常认为喜欢什么就选择什么。兴趣是最好的老师,我们并不否认,但我们需要提醒孩子将来的就业前景,甚至找专业从业人员为他分析,让孩子了解从事与这个专业相关的工作需要什么能力,自身的优势、劣势是什么。只有这样,选择之后孩子才会有意识地加强长处,弥补短处。

面对孩子不合理的选择,父母可以直接告诉孩子后果。在说后果的时候,一定要用心平气和的语气,正确表达,辅以身边的现实案例,有理有据,这样孩子才会信服,并且选择也会更慎重。

2. 制定规则,让孩子的选择有明确的底线。

家长要尊重孩子的选择,但并不是无条件地认可孩子的选择。

家长在给孩子选择权力之前,要制定明确的规则,让孩子知道哪些选择可以得到父母的认可和支持,哪些会触及底线。

比如孩子交朋友,家长可以告诉孩子,家长并不干涉孩子交友,但是如果朋友给他带来负面影响,比如经常打架斗殴等,就绝不能接受。

比如孩子穿衣打扮,家长可以不做干涉,但要告诉孩子穿着要适合场合,不要太过标新立异。

比如选专业,家长可以告诉孩子,父母支持孩子选,但要想清楚就业、读研以及未来的发展,不能受影视剧影响盲目选择。

3. 父母在背后远远地保护好孩子。

家长要让孩子明白,父母是他永远的靠山,当遇到困难的时候不要忘了告诉家长。万一孩子面对自己的选择感觉错了,后悔了,要告诉孩子如何补救。家长不要指望孩子做的选择一定是正确的,也不要害怕孩子做出错误的选择。要知道,人都是在错误中慢慢成长起来的。没有人可以一帆风顺,人都是从错误中汲取经验,然后慢慢走向成功的。

人生是由选择组成的。孩子进入大学该选什么社团? 该不该去做兼职? 该不该去考研? 选择留学还是找工作? 甚至每天该怎么度过……家长不可能帮孩子做所有的选择,而应该培养孩子选择的能力。

每一个不会选择的孩子背后,都有一个过度包办的父母。

作为父母,应该反思一下:

我们认为孩子有选择的权利吗？

我们是否给予了孩子选择的权利？

我们认为孩子会选择吗？

我们是否尊重孩子的每一次选择？

我们是通过孩子的选择去观察他是一个怎样的人，还是在拼命地把他们塑造成我们想让他成为的那种人？

我们有没有告诉孩子，永远不要让别人把思想装到你的头脑里？

我们有没有告诉孩子，永远不要让别人告诉你，你是一个怎样的人？

在上大学之前，我们有没有给孩子创造机会让他们去接触、了解不同行业的人，让他们有机会发现能让自己真正充满热情的工作到底是什么？

我们是一直在跟孩子说"别人家的孩子"，还是一直在努力帮孩子发现自己的专长？

我们是始终把孩子作为一个独立的个体去尊重，还是打着"为你好"的旗号替孩子做了各种安排？

高中父母要在背后远远地引导孩子，做"甩手掌柜"培养孩子的选择力。通过选择，孩子便会慢慢明白自己想要什么，对自己来说最重要的是什么。

只有在平常让孩子有了主见，懂得了选择，才能在大的关键节点面前游刃有余。作为父母，我们无法一辈子代替孩子选择，那么就请放手，让孩子真正拥有自己的选择力。

第三节　一谈成绩就吵架? 是你对待 成绩的态度和方式有问题

　　我想许多家庭都有过类似的情景:孩子兴高采烈地跟爸妈聊着自己身边发生的一件事情,妈妈突然来一句"今天作业多吗?"或者"这次考了多少分?"孩子的情绪立马跌到了谷底,再也无话可说。反应强烈的孩子可能还会不耐烦地回击:"不用你管,每天就知道学习,烦不烦!"

　　孩子在学校每天都是从早学到晚,放学回家,也许就想放松一下,父母不合时宜地打断,而且是用"深恶痛绝"的事情打断他,容易引发他的抵触情绪,许多家长所说的"叛逆"也就由此产生。长此以往,孩子便不再愿意跟家长沟通了,慢慢地,亲子关系也出现了问题,最终导致一说成绩就吵架。

　　其实,高中阶段的孩子不愿意听父母对自己的学习"评头论足"还有一个原因,就是这个阶段大部分家长已经不能辅导孩子学习了,家长在孩子心中已经失去了"权威地位"。况且,这个阶段的孩子自我意识很强,觉得自己已经长大,能安排自己的学习和生活,不需要父母提醒。而且他们觉得就算和父母谈了"成绩",父母也只会关心分数、排位,从而不停地唠叨,并不能得到什么实质性的改变。

　　其实许多家庭矛盾产生的原因都是家长过度担心孩子的成绩,

并采取不恰当的方式了解孩子的成绩。再者，就算孩子告诉了父母自己的成绩，也很少有父母能够帮助孩子解决问题。大多数家长只是从孩子那里了解到成绩分数，并不懂得根据分数分析每一个科目该如何加强。

家长采用合适的方式关注孩子的学习，不仅能避免家庭矛盾，还能巧妙地增进与孩子之间的感情。

高中孩子正处于青春期末端，他们追求个性、容易叛逆……他们的注意力很容易从学习中转移出来。一个人的精力是有限的，孩子的精力一旦从学习中转移出来，成绩便可能出现下降趋势。高中成绩在一定程度上不仅事关孩子能考上哪所大学，而且对他未来的人生道路也有一定的影响。家长把握好孩子的学习动向，有问题及时沟通处理，这样才能避免孩子走弯路。但是家长一和孩子谈成绩，家里就鸡飞狗跳，面对这种情况，家长可以尝试不直接询问，而是想办法通过侧面了解。

想了解成绩的父母，为了避免一谈成绩就吵架，可以从老师或者孩子朋友那里了解成绩。

一般情况下，老师对孩子学习动向把握都比较准，而老师里面，班主任比其他科任老师更了解孩子。老师与家长有着共同的目标，都希望把孩子送入理想的大学。大多数老师也会热情对待每一位渴望了解孩子学习情况的家长。所以，家长可以主动与孩子班主任取得联系。例如，节假日期间给老师打个电话，在送祝福的同时了解一下孩子的情况。为了了解得更全面，除了班主任之外，家长还可以与具体科目的老师保持联系和沟通。

学习中，大多数孩子都有自己的强科，也有弱科。想尽快提升孩子的弱科成绩，仅凭孩子自己的努力，提升效果一般不会很明显，这个时候就需要家长和老师的帮助了。

家长可以请老师帮忙分析一下孩子的薄弱环节，并向老师请教强化薄弱环节的方法，配合老师帮助孩子，这样弱科成绩更容易得到提升。

所以家长在向老师了解孩子学习情况的时候，别只关注分数、排名，还可以向老师请教一些提升孩子成绩的有效的学习方法，这样对成绩提升才是有帮助的。

高中孩子一般都不愿意向他人透露自己的学习成绩，但一部分人除外，就是他们的好朋友。取得了好成绩，他们常常会第一个选择与好朋友分享；成绩不理想，他们也会向好朋友诉苦。孩子的好朋友通常对孩子的学习情况比较清楚，家长只要与孩子的好朋友"搞好关系"，也能轻松掌握孩子的学习情况。

一位家长向我分享经验：

每次当孩子的好朋友来家里做客时，她都会热情招待他们，不仅如此，还会与他们热情闲聊。例如，聊他们关注的漫画书、他们喜欢的电影，与他们讨论流行的衣服等。打成一片之后，再悄悄把孩子请到一边"私聊"。

例如有一次，她非常担心地问孩子最好的朋友："这段时间晓晓的成绩一直下滑，我不知道该如何下手。"

孩子的好朋友告诉她说："阿姨，晓晓这段时间数学成绩总是不理想，据我们了解，这和做题速度有很大关系。不过阿姨你别担心，我们正在想办法解决这个问题。"

正如这位家长分享的经验，高中阶段的孩子非常重视好朋友，如果两个孩子成了知心朋友，那么他们都会尽自己最大的努力去帮助对方。所以家长想了解孩子的成绩，帮助孩子提升学习成绩时，他的好朋友一般都会积极"配合"，并伸出援助之手。家长可以先与孩子的好朋友成为朋友，之后正常表露自己的担心，然后再一起想办法帮孩子解决遇到的问题。

采取正确的方式了解孩子的成绩，并用正确的方式辅助孩子解决学习上遇到的问题，这样就不容易一谈成绩就吵架了。

除了向老师和好朋友了解成绩外，家长还可以引导孩子自己说出成绩。

在咨询过程中，我曾对很多孩子进行过一项调查：如果家长用合适的方式关注你的学习，你会反感吗？

根据几次调查，我得出了结论：家长用合适的方式关注孩子的学习成绩，不仅有利于孩子成绩的提高，还有利于增进与孩子之间的感情，从而使孩子主动汇报学习成绩。

例如，在一次调查中，一个孩子告诉我：

"进入高中后，成绩一直不理想，但是爸爸妈妈从不批评，也不催促，而是鼓励。每次成绩公布后，总能在书桌上发现这样的字条，比如'儿子，恭喜你，这次成绩又进步了两名！这是你这段时间努力的结果,好好享受一下!'或者'儿子,这次听说你在语文这一科目上失误了,总成绩受到了一些影响,不过没关系,这只是前进路上的一段小插曲!'

起初很奇怪,从来没和他们聊过学习成绩,他们怎么会对我的学习成绩了解得这么清楚呢?后来才知道他们一直默默地在背后努力看一些学习方法类的书,并向老师打听成绩,他们想要帮助我解决问题。所以,我决定以后定期向家长报告学习成绩。"

孩子被家长的真情所感动,他们了解了家长的良苦用心,所以才会向父母主动报告成绩。

但是每把这个故事告诉家长,就有家长说:"我也时刻关注孩子的学习成绩,为什么他就不感激我呢?"

其实,这个问题很简单,家长关注孩子的成绩遭到反感还是感激,主要取决于家长对孩子成绩的态度和对待方式。

很多家长面对孩子成绩的做法都是这样的,成绩好时欢天喜地;成绩不好时,要么紧张兮兮地盯着孩子的成绩不放,要么不停催促孩子去学习。高中的孩子已经不是小孩子了,成绩不理想他们也会着急。这时,家长不但不帮助他们,反而不停地催促他们,无疑会增加他们的心理压力。这种情况下,孩子把家长对自己成绩的关注看成了"监视",从而极大地激起了他们的厌烦情绪。

如果家长能够看淡孩子的成绩,并用巧妙的方式为孩子加油、打气,不管孩子成绩是好还是坏,都用鼓励的方式,这样不但能促使孩子勇敢地战胜学习中的困难和挫折,还能激发他们对父母的感激之情。

用正确的态度面对孩子的学习成绩，孩子才会向家长报告自己的成绩；用专业的知识帮助孩子解决问题，孩子才会和父母讨论成绩。

第四节　发现闪光点，消除自卑情绪

自卑就像一条毒蛇，一旦被咬，毒性就会蔓延全身，使人看不到希望。一旦被自卑的阴云所笼罩，孩子就会把所有的关注点都集中在自己的不足上，从而对未来和前途失去信心。

"我很不喜欢自己，身边的同学有青春阳光的，有成绩优异的，有性格活泼的……但在我身上却找不到任何闪光点，我真的一无是处。"

"我长得胖，也很矮，总觉得低人一等。"

…………

这是进入高中后无数同学的心里话。

为什么高中孩子有那么多的自卑心理呢？

高中是个特殊的时期，自卑与这个阶段的特殊性有很大关系。高中阶段是孩子自我意识逐渐完善的时期，在这一过程中，他们更加注重他人对自己的评价，并习惯于将自己与他人比较，从而形成自我评价。如果孩子过于关注自己的缺点、不足以及不如他人的方面，那么很容易产生自卑心理。

其实，自卑的孩子并不像他们说的那样一无是处。他们之所以自卑主要是因为过度关注并放大了自己的不足。高中的孩子被强烈的自卑感蒙蔽了双眼,所以看不到自己的闪光点。

阿德勒说:"其实我们每个人都有不同程度的自卑感。而这种自卑,是因为我们都想让自己更优秀,让自己过更好的生活。"适度的自卑感是好事,可以让孩子反省自己,通过努力去改变现状。但过度的自卑,带来的就是无尽的痛苦了。

想要克服自卑,就要知道自卑来自哪里。

自卑源于对比,自卑的孩子最常有的念头就是"我比不上别人"。人很容易与他人对比,尤其到了高中这个特殊阶段。

高中孩子最容易与他人在下面这三个方面做比较。

一是对比成绩,因为成绩不好而自卑。在高中阶段,孩子常常以学习成绩的好坏论英雄。成绩好的理所当然会享受别人的崇拜;成绩不好的,他们自然会觉得低人一等。如果一个孩子的成绩长时间处于班级下游,自卑情绪就会自然而然地在他们心中蔓延。

二是对比家庭条件,因家境不好而自卑。高中阶段的孩子虽不是个个崇拜物质至上,但他们非常注重面子。例如同学穿了名牌鞋,自己穿了两年的仿名牌,他们就会自卑。同学家庭条件优越,自己家境一般,就会觉得没面子,慢慢也变得自卑起来。

三是对比外貌,因外貌而自卑。高中阶段的孩子处于青春期,这一时期孩子对自己的外貌、体型等生理特征很敏感。例如,他们会对脸上的青春痘耿耿于怀;会因为个子矮而不敢抬头;甚至有的女孩因身体不够丰满被嘲讽为"太平公主"而自卑……

那么作为家长,我们应该怎么帮助孩子摆脱自卑情绪呢?

首先，自卑的孩子满脑子想的都是自己的缺点、劣势，想要摆脱自卑，就必须让他们看到希望，看到自己的优点，并且要不厌其烦地在孩子面前讲优点。

家长对孩子进行"优点轰炸"的目的是让孩子的注意力从缺点转移到优点上来。

高中最容易对比的就是成绩了，面对孩子成绩没有别人考得好，家长首先应该抛弃攀比心理，并试着从以下三点来帮助孩子。

其一，当孩子考试不理想的时候，做他坚定的支持者。到了高中阶段，孩子已经明白了很多事，大道理他都知道，他们最需要的不是说教，而是帮助。

其实，孩子也明白成绩不好意味着什么。成绩不好，他比谁都着急、痛苦，这个时候家长的理解和鼓励对他们来说特别重要。你要告诉孩子，不管他考出什么样的成绩，他都是你的孩子，你是他坚强的后盾。告诉他，不要怕出现问题，有问题了分析问题、解决问题就好。理性地帮孩子分析他的长短板，拿出具体的措施来支持他学习，努力帮他建立自信。

其二，要承认差距的存在，帮助孩子分析原因，对症下药。

家长首先要承认自己家孩子和别人家孩子的差距，做孩子的智囊团，帮他分析产生差距的原因，进而对症下药，逐渐缩小差距。在成绩这一块，家长要实事求是地去和孩子沟通，不能过度弱化孩子的缺点，夸大优点，否则成绩可能会越来越差。

其三，告诉孩子要比就和自己比。就算是高中生也应该明白一个道理,那就是人这一生中,其实最大的敌人就是自己。我们只要比昨天进步,比以前进步就好。

学习方面,成绩不是一成不变的。只要找对方法,针对自己的弱科尝试突破,一点点地去努力,一点点地去改进,成绩很大程度上会有所提升。

学习方面,我们实事求是地承认与别人的差距,努力找方法去提升,是应对学习自卑最好的方式。

自卑源于对比,自己和自己对比才更有意义。

还有哪些方法可以帮孩子消除自卑呢?经过多年的咨询,我总结了一套父母可以操作的辅助孩子消除自卑的方法。

1. 改变形象

心理自卑的孩子,通常说话吞吞吐吐,走路畏畏缩缩。家长可以帮他们改变一下形象:穿着整洁大方的服装,讲话自信爽快,走路昂首阔步,以此帮孩子建立起高能量的姿态。

2. 语言暗示

积极的语言能使人产生积极的情绪,改变消极的心态,因而家长可以有意识地用"你一定行"之类的语言为孩子打气。或者在此基础上,让孩子根据自己的实际情况,每天上学前都在镜子前对自己说几遍:"你可以的,你很棒!"在语言暗示之后再满怀信心地出门上学。

3. 预演胜利

每当孩子遇到困难、不敢接受挑战时,可以引导他先在头脑中想象完成任务时胜利的场景。这种预演胜利的方法，对孩子战胜恐惧心理，愉快地接受富有挑战性的任务有立竿见影的效果。

4. 发挥孩子的长处

"尺有所短，寸有所长"，每个人都有自己的长处和优势，同时，也有自己的短处和劣势。如果用其所短而舍其所长，就连天才也会丧失信心、自暴自弃。能够扬长避短，强化孩子的长处，并为他们提供发挥长处的机会和条件，这也是一种消除孩子自卑的有效方法。

5. 洗刷阴影

一是，家长要引导孩子将失败当作学习的机遇，认真分析失败的原因，从失败中学习和吸取教训，总结经验。

二是，家长要引导孩子淡化那些不愉快的、痛苦的事，或者用成功经历去抵消失败的阴影。

6. 分解目标，降低追求

对于后进的孩子，与其空谈立志，还不如适当降低追求，并将大的目标分解成很多小目标，做到一个学期、一个月甚至一个星期都有小目标可以努力去实现。

目标变得小而具体，就比较容易实现，这样孩子便会经常拥有成就感，也更容易进步，并建立自信心。

高中阶段的孩子自我意识逐渐完善，他们常常会因为学习成绩、相貌、家庭等原因自卑。陷入自卑后会导致情绪低落，父母应该学会用合理科学的手段帮助孩子看见自己的优点，重拾自信。

第五节 学会信任老师

孩子只有喜欢老师,才能喜欢老师的课,学习才不容易落下。家长要挖掘老师身上容易被孩子接受的优点,让孩子慢慢喜欢上老师,才能保证学习的进步。

幼儿园和小学,如果没有特殊原因,很少有孩子不喜欢老师,在孩子心中,老师的话最正确,老师的地位最权威。但是随着孩子慢慢长大,自我意识逐渐增强,老师在孩子心中的权威地位逐渐降低,于是就出现了孩子不喜欢某位老师的现象了,严重的甚至因为不喜欢某位老师的外表或讲课风格而不喜欢某个学科,最终导致成绩下滑和偏科等问题。

在高中,我们没有办法选择自己的班级和老师,那么万一孩子遇到自己不喜欢的老师该怎么办,如何跟老师沟通呢?

万一孩子真的讨厌某位老师,家长要注意两点。

一是保持冷静,不要马上戴着有色眼镜看老师,更不要立刻对老师的教学方法提出质疑,甚至发生冲突。这都是非常有害的!即便你不太认同老师的教学方法、教育理念,也需要忍耐。做到这点,是对老师的尊重。要相信,专业的人做专业的事。做教育,老师远远比普通家长要懂得多,了解更深。每一位老师都经过了系统培训,都有自己的教学方法和技巧。

二是如果发现孩子有了这种想法,不要火上浇油,随之附和认为老师不好，家长的认同只会加深孩子对老师的厌恶。应该听孩子叙述完，自己思考后，站在老师的角度客观分析问题。

面对孩子讨厌老师，家长如何引导孩子呢？

一是要发掘老师的优点，引导孩子看到老师的优点。比如，老师是哪里毕业的？如何奋斗的？有哪些教学成就？总之一定要发现老师的优点，并加以优化，帮助孩子转变对老师的看法。

二是引导孩子感恩，学会夸老师。比如，开家长会后，很多孩子都会关心老师怎么评价自己的。面对表扬孩子的，家长要学会把这个老师也称赞一下，然后把老师对孩子的关注讲给孩子听。面对直来直去说话不留余地的老师，你可以告诉孩子，这个老师很负责，面对学生的成绩，比父母还着急，并鼓励孩子，只要这个科目成绩提上来了，总成绩就上来了。

努力发掘老师身上的各个优点，让孩子喜欢老师、信服老师，这样才更有利于孩子的学习与成长。

高中也有一类学生，无论如何也不喜欢老师。面对这种情况，父母要告诉孩子："可以不喜欢老师，但一定要听老师的话。"

对于高中阶段的孩子来说，让他们在短时间内彻底改变对一个人的看法，这是很难办到的。高中孩子的自我意识飞速发展，他们对人对事有着自己的看法，如果家长强迫他们，只会收效甚微，甚至适得其反。

家长可以告诉孩子，不喜欢老师可以，但必须要听老师的话。例如，老师留的作业，必须要完成；老师说要上课完成的任务，也要完成;老师说要提前预习,你就不能偷懒……实际上,这样做也可以从侧面减少孩子对老师的厌恶情绪。当孩子事事和老师配合的时候,他也很快就会发现老师的优点了。更重要的是,听老师的话,不与老师较劲,即使孩子对老师有一些看法,也不会对他的成绩造成多大的影响。

孩子偶尔有自己不喜欢的老师,家长应该理解,这是因为孩子已经长大,自我意识增强,有了自己的好恶。还有就是老师也是普通人,不可能让所有的孩子都满意。

在努力扭转孩子对老师印象的时候,作为家长,我们不仅要注意自身观点,引导孩子喜欢老师,还要主动和老师沟通。家长和老师沟通时,也是需要技巧的。

和老师沟通时应该注意四点:

一是注意和老师的沟通频率。对于孩子的问题,家长都是非常着急的,老师也能理解。但老师真的很忙,没有那么多时间跟家长沟通。一个高中老师在通常情况下最少带两个班,每个班几十人,还要批改作业,另外老师也有自己的家庭。所以一个学期找老师三四次就足够了,太频繁地找老师,会给老师带来麻烦。

二是和老师约好时间沟通,尽量不要和其他家长一样在家长会后找老师。在这种情况下,老师忙不过来,也不可能说太多,倒不如单独约老师,这样效果更好。

三是事先想好要说什么。老师时间有限,家长最好列好提纲,言简意赅地把话讲完,不要自顾自地一直说。家长找老师的目的,就是让老师注意一下自己的孩子,提出一些建设性的意见,抓住这个重点就可以了,切忌长篇大论。

四是跟老师沟通时切忌指导老师教学。有些家长很有想法,跟老师聊天的时候,总是给老师的教学提出很多的建议,要求老师怎么上课,这无疑是在干涉老师的教学活动。教学有大纲,而且每个老师都有自己的方法。

家长要知道,不管用哪种方式教育孩子,老师都有着与家长共同的目标,那就是把孩子送进理想的大学。

第六节　抓住症结，克服学习焦虑

高中以学习为主,学习中产生的焦虑,不仅是孩子取得成绩的拦路虎,还是影响身心健康的慢性杀手。

什么是学习焦虑?

学习焦虑是一种不安、担忧或紧张的感觉,常表现为自卑自责、头疼头晕、紧张急躁等。过度焦虑会使得注意力难以集中,影响思维活动。从心理学来看,导致学习焦虑的原因有很多,但主要有两个:一个是学习目标过高,另一个是长时间的自我否定。

咨询时,我发现出现学习焦虑问题的孩子,大多是成绩不错、积极好学的孩子。这类孩子往往把自己的目标定得很高,对考试成绩非常在乎,得失心很重,考好了,担心自己下次考不好;考不好,又觉得自己没希望了,从而不断地自我否定。

如何帮助孩子缓解这种焦虑呢？在多年的教学和咨询中,我总结了两个办法,可以让家长帮助孩子缓解焦虑。

一是引导孩子看清焦虑,分析焦虑。

进入高中,我发现不少孩子会有焦虑情绪,问他为什么,自己也说不清楚。在这个时候,很多家长也会跟着孩子心神不宁,着急上火。作为家长,帮孩子解决问题才是最重要的。当孩子焦虑的时候,我们应该努力引导他们看清焦虑,分析焦虑。具体来讲,可以引导孩子把自己担忧的问题写在纸上,然后和孩子一起分析有利的一面和不利的一面。

帮孩子认清焦虑,发现问题,就是一个好的开始。

二是父母要多带孩子放松,给予他更多的快乐。

遇到学习焦虑的孩子,最发愁的就是家长了。孩子焦虑了,家长更焦虑,因为很多家长的想法是:自己含辛茹苦付出了这么多年,关键时刻"掉链子",孩子未来怎么办？家长面对孩子焦虑也忧心忡忡,这是不对的。家长要明白,父母是孩子的主心骨,家长乱了阵脚,只会导致孩子更焦虑,解决不了任何实际问题。

孩子学习焦虑,主要原因是压力大,而调节压力的有效方法就是运动。家长带着孩子运动的时候,放松的状态会使孩子暂时摆脱学习困扰,甚至有可能转变思维,从牛角尖中钻出来。

父母的这两种做法能暂时帮孩子摆脱学习焦虑的困扰,但很多时候治标不治本,这是因为造成孩子焦虑的根本原因是目标定得太高而达不到,或者成绩无论如何没有办法提升,长期下去孩子便形成了一个糟糕的心理状态。

对于高中生来说，学习焦虑会使他陷入情绪的泥潭，进而不断地自我否定。外在环境的帮助，只能短暂缓解焦虑。想要彻底解决学习焦虑问题，就需要帮孩子走出自我否定的泥潭，可以尝试ABCC法则。

梅若李·亚当斯的《改变提问，改变人生》一书提到了"选择地图"，在选择地图中，根据不同的心态人会选择两条不同的路，一条是学习者道路，一条是评判者道路。

杨柳是我从业第一年带过的一个学生，一个特别要强的小女孩。有一次距离期中考试只有两天的时候，同学突然叫她打扫卫生，她心里这样想着"马上就要考试了，又要让我打扫卫生，真倒霉"，但也只能去打扫，打扫完了又去吃饭，吃完饭又要写作业，写完作业想到马上就要考试了还没有复习，于是又熬夜复习。

到了考试的时候，成绩考得很差，在课下会做的题，在考场上竟然没做出来。于是她向我抱怨，都怪轮到她值日了，导致她没时间复习，最后熬夜状态不好，进而没有考好。

到了期末考试，杨柳还是没有考好，于是她找到我继续向我抱怨说："这次考试自己太马虎了，没有发挥好。已经好几次没有考好了，父母只知道问成绩，给了我很大的压力，睡也睡不好，我该怎么办呢？"

还好杨柳只是陷入轻度的自我否定，并没有导致严重的学习焦虑。

其实仔细想想，就会发现击败孩子的并不是成绩，而是成绩背后的自责和自我否定。经常自我否定的人会走在评判者道路上,在这条路上无限地自责。

走在学习者道路上的孩子,他们面对成绩时的想法是:这次我发现了这一块知识自己比较薄弱,针对这些知识,我可以加强练习,对于这一个题型,我需要请老师再讲讲。

摆脱自我否定的方法就是从选择地图中的评判者道路转为学习者道路。

判断孩子走在哪条路上,我们可以对照下面清单来进行。

评判者道路:

这次考试都是因为……

我该怎么办……

学习压力太大了,我学不进去……

无论如何追不上他……

我没有资格拥有……

学习者道路:

根据这次考试我发现了自己的不足,下次我可以……

成绩不提升,我或许可以采取……

压力太大了,我可以……

他那么厉害,我是不是可以请教一下学习方法……

经常走在哪条道路上,就会形成那条路上的心态,这些心态会让人认为走在这条路上是对的,没有问题。长期走在评判者道路上的孩子,很容易学习焦虑。

上完课后,有的孩子会说"讲得太简单了,上课简直就是浪费时间",或者"我不适合数学",这样的孩子就是典型的走在评判者道路上的孩子,走在学习者道路上的人会说"或许还会有什么新的领悟",或者"数学这么难,我可以再试试看"。其实无论成绩好的学生还是成绩差的学生,都有可能走在评判者道路上。

走在评判者道路上,时间长了,就会形成焦虑。

当发现孩子学习焦虑或者走在评判者道路上时,要想办法让孩子回到学习者道路上,回到这条道路上的方法就是 ABCC 法则。

这个方法是梅若李·亚当斯提出的,每一个字母代表一个英文单词:

A:觉察。当事情发生之后,询问自己是什么状态,走在哪条路上。

B:深呼吸。如果发现处于评判者道路上,做一个深呼吸,让自己客观看这件事。

C:好奇。放下自己的观点,带着好奇去确定自己是否了解事实,到底发生了什么。

C:选择。根据这件事我会做出什么新选择。

第一个 C 偏心态,是指心态的调整;第二个 C 偏行动,是指如何行动。

当孩子出现问题时,第一步:可以引导孩子判断一下自己走在哪一条路上。比如成绩差一直不提升,孩子发现自己走在评判者道路上。第二步:让孩子深呼吸,认清这个事实就是成绩没有提升,没有达到自己预期而已,难受、懊恼、焦虑都是自己幻想引起的。第三步:成绩没有提升,我们有没有什么好的方法? 然后找到几个答案。第四步:选择一种方法,努力去改变。

其实改变学习焦虑最好的方式就是改变孩子自我否定的状态,改变孩子自我否定,需要提出好的问题。因为人的所有行动,几乎都是问题驱动的,只不过面对这些问题时,有的人可以察觉,有的人无法察觉。

使用 ABCC 法则解决问题,难点有两个,首先是察觉,很多人经常是走了很远,情绪发泄完之后,才后悔莫及;第二个难点,就是问什么问题才能让孩子从评判者道路转换为学习者道路。

想要彻底解决学习焦虑的问题,还是要从孩子内在去解决。父母只能帮助孩子暂时缓解焦虑带来的痛苦,只有孩子熟练掌握了方法才可以从根本上解决学习焦虑的问题。

第四章

人际交往

一个人想要在社会上表现得好，既要依靠学识和专业技能，也要依靠社交能力，许多时候，后者更为重要。学校就是一个小社会，在学校，孩子会面临各种各样的社交问题，家长要明确干预边界，并且在孩子出现社交问题时注意解决问题的方式方法。

第一节　高中社团，有选择才会有收获

高中要不要加入社团（包括当班干部或团干部）？这个问题原来是一道送分题，现在居然变成了思考题。

有人认为，社团是高中的一道风景线。高中生活枯燥无味，似乎加入社团是唯一可以放松一下的事情。高中社团既可以锻炼能力，也可以结交朋友，但是会不会带来学习成绩的下降，这是很多家长担心的。客观地说，高中生有社团策划、班级管理等经验无疑是未来人生的宝贵财富。

也有很多人认为，现在很多高中社团都沾染了一些不好的风气，学生进入社团不见得能锻炼能力，反而会习得各种套路。也有一些人认为社团大多是不喜欢学习的人组成的。

还有的同学认为，虽然加入社团或者担任班干部能培养人的交际、组织能力，但这真的太占用时间了，相比时间的投入，性价比并不高。

不同的人对加入社团的态度不一样。如今，高中的社团种类非常多，绝大部分孩子对自己加入的社团其实了解并不充足。

现在的高中生对于加入社团这件事普遍存在三个误区：

第一，没有考虑自己的时间情况，盲目加入太多社团。

高中生首先应该考虑自己的特长和时间，选择适合自己的社团。如果感觉学业压力比较大，也并非一定要加入社团。

选择加入一个社团，其实也是高中生认真规划自己时间的机会，要看看自己每周在学业之余能为社团活动留出多少时间。

第二，报名社团之后没有被选中，认为自己很失败。

没有被社团选中的原因有很多，这并不意味着缺乏能力。如果落选社团，可以好好复盘一下：为什么会落选？是特长不匹配还是社团面试没有发挥好？完全可以把应聘社团当作一次高校面试。

加入的社团知名度越高，进入就越难。有的社团需要特别的才艺，在高中加入本校最好的社团往往是需要过五关斩六将的。

第三，迫于人情面子加入自己不喜欢的社团。

有的社团招新是有压力的，或者有的社团负责人觉得规模大就是成功,于是把身边的朋友都拉入社团。很多高中生受身边朋友的影响也就去了,但关键是要加入那些真正适合自己的社团。

我是支持孩子在高一高二参加一些社团组织的,因为加入社团会让学生快速成长。

人进入一个新的环境,要面对很多新的信息,这会在一定程度上打破生活原有的平衡,从而让人感到不适应,很多人也会因此讨厌"意外"不断的生活。但恰恰是这种生活,给人提供了快速成长的机会。

进入一个新的平台或者环境时,人通常会学到很多新知识,新环境驱使人花费时间去学习,去响应,去付出,进而使生活重新恢复到平衡状态。在这个过程中,能力被新的环境倒逼提高,使得你适应复杂的局面。

现在的高中社团丰富性和包容度远比我读高中的时候要大得多。现在想要运营好一个社团,需要主动发展新成员,需要竞选团干部,而且在组织大型活动的时候还需要拉赞助,这些对于培养人的组织、管理能力和商业头脑都大有帮助。

进入社团之后,要懂得复盘,这样免费的劳动力才能换来干货。

有的孩子进入社团之后,感觉并不像自己想象的那么美好,好像被老成员当成了免费的劳动力,今天出一个方案,明天贴一张海报,后天做一个条幅。

在社团里一直跑来跑去,遇到问题都是自己在网上找解决方法或相关模板,用上了也不知道好在哪里,没用上也不知道什么原因。

结果,自己不但在社团没学到什么东西,反而耽误了学习。

不少进入社团的成员觉得自己一直都在做一些琐碎的工作,感觉学不到东西,那么,参加社团不就是浪费时间吗?其实无论到了哪里,就算到了大学,到了社会,估计也没有人让你一开始就全面负责工作,新人一般都是从帮助老员工做一些简单琐碎的事情开始的。

我们不妨换个角度思考:在做简单、琐碎的工作中,怎么才能学到东西?

比如在做一个活动的时候,需要挂横幅。仔细想想,挂横幅的机会确实非常多。对于没有经验的人来讲,他只知道开大会需要一条横幅。但是,对于有经验的人来说,他了解的你可能都不知道:

- 横幅多少钱一米(没有经验的人会问横幅多少钱)?
- 常见的横幅有哪几种制作方式?品质差异是什么?
- 不同的制作方式价格差异有多大?量大有没有折扣?
- 从定制到拿到手需要多长时间?
- 横幅配什么字体好看?

一条小横幅背后竟然有这么多学问。

告诉别人参与了什么事情,叫经历;告诉别人自己可以独立完成哪些事情,叫工作经验。

有的孩子刚加入社团时工作很投入,慢慢发现工作越来越多,责任越来越大,最后发现社团工作和学业产生冲突,时间不够用了,觉得社团工作严重影响了学习。

　　在加入社团之初，家长就要提醒孩子，不能因为加入社团而耽误了学业，学业是根本，社团是锦上添花。有的孩子有很多社团经历，偏偏成绩一塌糊涂，像这样做事情主次不分是不行的。

　　如果发现时间不够用，那么可以引导孩子把自己的时间重新规划一下。加入社团后，要兼顾学习和社团工作，时间会变得支离破碎，孩子当然可以退出社团重新获得大块时间来解决问题。高中，退出社团是自由的，但是到了职场，就没那么容易了。在职场，每个人要同时兼顾不同的事情，工作之余还要兼顾家庭、朋友。在社团遇到的困难，将来在工作中也一样会遇到。

　　有学生问我："你是竞赛老师，既要教课，又要在外面做生涯讲座，还要给老师培训，还要写文章，我们做学生的时间都不够，你哪里有时间做这么多事情呀？你一天到底睡几个小时？"

　　如何在有限的时间做多件事情，这个问题不仅是孩子的问题，也是很多家长和职场人共同的苦恼。

　　如何走出这一困境呢？我觉得解决问题的关键在于有没有办法利用碎片化时间完成社团工作。这就考验了在碎片化的时间里，你是否依旧能保持连续完整的思维，同时又不丧失快速反应的能力。

　　当在社团遇到时间管理压力时，对于孩子来说，它其实也是逼自己学会时间管理的机遇。当然，如果实在难以兼顾，那么就要壮士断腕，优先保护学业。

　　社团对于孩子的成长来说是有利的，但是很多家长怕影响孩子学习不确定到底该不该让孩子参加社团。

如何解决这个问题呢？下面两点可以作为判断标准。

第一个标准，孩子能否平衡好学业和社团。

如果能够平衡好，那就可以让孩子选择社团，可以是一个，也可以是多个，具体可以根据孩子的兴趣爱好以及未来发展来定。比如想锻炼孩子未来进入职场的组织能力和应变能力，那么可以参加学校的宣传部，因为宣传部时不时会有一些讲座，或者会议，而这个讲座或会议的整体策划过程他们都在参与。

第二个标准，是不是在适当的时间。

进入社团一般是在高一高二，孩子也只有在高一高二的时候才能挤出一点时间。到了高三，绝大多数老师都会禁止学生参加社团。

入不入社团的判断标准并不难，难的是家长对社团的观念，以及进入社团之后孩子带着什么样的思想在社团工作。

社团可以锻炼孩子的综合能力，千万不要由于家长对社团的偏见，而直接否定社团，在社团也可能会遇到打击和挫折，千万不要因为这些挫折就放弃，因为它是人生的重要一课。

如果最终选择进入社团，我希望家长能够引导孩子多考虑几个问题：

1. 这个社团的意义是什么？

2. 现在在社团做的工作对应着职场中的什么岗位，对应着大学里的什么专业？

3. 做得好的社团好在哪里？为什么会好？

4. 思考一下学校其他社团，他们是如何运作的？

5. 现在哪些能力未来十年依然有用？

第二节　高中生恋爱，要正确引导

面对高中生恋爱这件事，家长要正确看待，一方面告诉孩子高中恋爱的底线，避免受到伤害，另一方面引导孩子在恋爱中获得成长。

很多父母对孩子各种耳提面命，告诉孩子绝对不能早恋，一心放在学习上，这是因为随着孩子进入高中，越来越多的父母担心恋爱会影响孩子的成绩，会对孩子产生负面影响。

青春期恋爱对孩子有什么样的影响？众说纷纭，既有学霸情侣携手入清华一类的新闻，也有学生因为恋爱一蹶不振的案例。

同样是恋爱，为什么在不同孩子身上差异这么大呢？

从某种程度上说，他们对恋爱的理解，决定了他们如何去谈恋爱，从而导致了同样是恋爱，结果会差异这么大。

爱情是复杂的，父母应该引导孩子正确地认识爱情，帮助孩子规避风险，从而更好地成长。

恋爱是有风险的，而高风险的恋爱大多与孩子在成长过程中没有建立完整的人格和认知有关。在高中阶段，导致恋爱出现高风险的主要原因就是"低自尊问题"。

低自尊问题在恋爱中最容易体现出来，存在低自尊问题的孩子不爱自己，恋爱很容易给他带来伤害。

一个桂林的高中女孩曾发信息给我："我常常感觉自己非常普通和平庸，每次特别不开心、特别沮丧的时候，感觉都需要被人关怀。我们班里一个男生，每次都关心我、开导我，后来慢慢地我们谈恋爱了。他成绩特别优秀，我的成绩很差，他每次帮我补习功课的时候，我都觉得特别开心，但是最近我发现他的成绩下降了。我感觉是由于我的原因才导致他的成绩下降的，于是向他提出了无数次分手，但是他每次都劝我，我们每次都能和好。但越是这样，我越怕自己耽误他，也许我本就不配拥有美好的生活吧。"

恋爱其实并不可怕，可怕的是恋爱之后孩子低自尊问题的出现以及逃避问题的做法。在高中阶段，大家最担心的就是恋爱影响成绩，在做咨询的时候，我问家长："如果恋爱不影响成绩，反而能提升成绩，你们还会反对吗？"这时候得到的答案往往相反。

很多人在社交中适应良好，但内心深处却埋着大量隐性的自尊自爱问题，而这些问题只有当他进入亲密关系时才会暴露出来。

恋爱的时候，无论是自己的孩子低自尊，还是另一个孩子低自尊，如果不加以解决和处理，都会给孩子带来不小的伤害。

在恋爱的时候，发现并解决孩子自尊的问题，告诉孩子获得成长的方式不是依靠对方来爱你，而是接受自己不完美的同时发现自己的闪光点，发掘自己的价值，学会如何照顾自己。这样的恋爱，对孩子人生的成长是有益的。

　　孩子在恋爱中出现低自尊问题，家长应该如何判断和应对呢？

　　青春期绝大多数孩子不会把自己的感情问题告诉家长，他们很可能把自己的感情埋藏在心底。要正确面对孩子恋爱这个事情，不能禁止和阻止，只能加以引导。毕竟没有哪个家长会在孩子准备谈恋爱或者彼此有好感时就察觉到孩子要谈恋爱了，大多数都是被老师叫的时候才知道。如果孩子不愿意说，这个时候家长可以求助学校或者孩子身边的人，请孩子的朋友、信任的老师或者有亲和力的学长询问孩子的感受，从侧面了解孩子会不会在恋爱出现问题时感觉自己做错了，感觉自己没有价值，一旦发现问题，用恰当的方式及时介入，引导孩子要用正确的视角来看恋爱。

　　一般情况下，恋爱过程中的自我评价修复能非常快地延伸到生活、学业中，也能延伸到其他亲密关系中，从而使孩子更加积极乐观，也更能抗打击。

　　同样，如果在恋爱过程中发现另一个孩子低自尊，这个时候对孩子的伤害也是巨大的。可以试着告诉孩子："如果你相信他真的喜欢你，那么他一定希望你爱自己。你都已经用这么大的力气去接受他了，不如试试，拼尽全力爱自己吧。"如果孩子能反应过来这样的感情不是自己毕生的追求，就要告诉孩子及时止损，这是保护自己最好的方法。

　　低自尊是恋爱过程中孩子受伤的主要原因。家长发现孩子有低自尊的情况或者和低自尊的孩子谈恋爱时，应该加以引导，辅助孩子度过这个阶段。

青春期也有共同受益、一起成长的恋爱。

恋爱并不只是风险和坏事，思想成熟的青少年走到一块，也存在彼此相互成长、共同进步的情况。

好的恋爱，不仅有助于青少年自我认识的发展，还会影响他们对自己总体的评价。

好的恋爱，会让孩子产生积极的情绪，从而促进青少年与家长的积极对话。

好的恋爱，有助于孩子发展社交关系。

当然，谈恋爱会占用学习时间，占用了学习时间便可能会导致成绩下滑。但是，如果一味地压抑孩子的情感，阻止情感得到自然表达，也会消耗孩子大量的能量。

面对孩子早恋，家长应该引导孩子把爱情转化为学习动力。

具体来讲，可以分为五步：

第一步：调整认知，面对孩子早恋要冷静，明确恋爱的底线。

理解尊重孩子，恋爱并不是洪水猛兽，恋爱是孩子成长过程中的一个必要过程，要正确认识恋爱的两面性。不能禁止也不能阻止，只能引导和干预，尽量让恋爱帮助孩子更好地成长。

高中孩子早恋，家长一定要明确底线，告诉孩子什么可以做，什么不可以做。

第二步：分享自己的感受。

孩子获得了家长的理解和尊重，一般会既惊讶又开心，之后便会慢慢卸下心理防御。此时家长可以分享自己的经历，告诉孩子自己当年是从哪些方面喜欢一个人的,引导孩子从一个人的性格和品质方面发掘优点。

当孩子描述完自己的朋友时,家长要肯定这位异性朋友身上的优点,并表达自己希望有机会认识他。

第三步:接纳并加以引导。

按照这样的步骤,如果进行得比较顺利,那么高中生很愿意把自己的异性朋友介绍给自己的父母。

对孩子表示理解接纳之后,可以尝试请两个孩子吃饭,交谈内容可以涉及家庭情况、学习成绩、未来理想等。明确表示希望两个孩子可以相互鼓励、互相帮助来提高成绩,为了各自的理想而奋斗。

第四步:经常沟通,不忘鼓励。

父母可以经常和孩子沟通一下孩子每天在学校的经历和感受,切忌带着不满和焦虑的情绪,这样的情绪会让孩子失去安全感,进而为了不让父母担心,在和父母沟通时隐去重要部分。

另外,沟通时不要忘了肯定孩子的进步,告诉孩子这种进步可能与彼此间的相互鼓励有关。每一次肯定,都能传递给孩子父母支持和欣赏的信息,进而与孩子拉近距离。

作为大人,面对孩子恋爱,我们真正要解决的是恋爱背后更深层次的问题,并且把恋爱转化为学习动力,这样孩子才能拥有健康、积极的人际关系,学习动力和学习效率也能得到增强和提升。

父母作为孩子的守护者,当孩子面临早恋问题时,要明确这是孩子成长的必经之路,请记住协助孩子感受生命的美好,并且仔细聆听孩子的心声，分辨他们的恋爱动机和需求，发现其中可能存在的问题，通过引导帮助孩子建立更完善的人格。

第三节　如何预防校园欺凌

心理学家阿比盖尔·马什说："每个人都有善良的一面，即无私、利他和帮助他人。反之，每个人也有恶的一面，体现在自私和无情。"高中生也是如此，既有善良的一面，也有恶的一面。

想要孩子不受校园欺凌，首先要会界定校园欺凌。那么，到底什么是校园欺凌呢？

校园欺凌是指发生在校园内外、学生之间，一方单次或多次蓄意或恶意通过肢体、语言及网络等手段实施欺负、侮辱，造成另一方身体和心理伤害、财产损失等的事件。

高中校园欺凌的表现形式主要有三大类。

第一大类，言语欺凌。通过骚扰、辱骂性语言对他人进行伤害，如当面或背后羞辱、嘲笑、讥讽等。

第二大类，肢体欺凌。通过肢体动作恐吓、伤害他人，比如拳打脚踢等。

第三大类，社交欺凌。有意挑拨破坏同学间关系，如散布谣言、暴露他人隐私、损害别人形象、孤立排挤他人等。社交欺凌是最常见最频繁的一种欺凌形式，也是最麻烦应对的一种。

作为父母，不仅要知道校园欺凌的表现形式，还要了解校园欺凌的原因。

从家庭方面来说,不同的家庭环境和教育方式,教育出来的孩子是不同的。不良的家庭环境和教育方式,会让孩子背负过多的压力,进而产生心理障碍与欺凌行为。孩子内心的画面以及外在的行为几乎都可以从家庭环境中找到根源。

不良的家庭环境,孩子没有幸福感。父母有暴力倾向,关系很紧张、相互疏离等,使孩子耳濡目染,进而也学会了使用暴力的方式去解决问题。

导致欺凌产生的家庭教育方式有两种:第一种,从小对孩子不是打就是骂,打骂之后不告诉原因,无形中让孩子学会用欺凌的手段征服别人;第二种,对孩子过分溺爱,导致孩子是非不分、专横跋扈,无视其他人的利益。

另外,随着互联网时代海量信息的进入,孩子无法辨别真假好坏,暴力影片、书籍、网络游戏等,它们容易使青少年盲目模仿,进而产生暴力行为。

校园欺凌无论是对施暴者还是被施暴者,都会产生不小的影响。

对于受欺凌者,会导致孩子胆怯、畏缩、自卑、孤僻,严重的会造成人格障碍,会让孩子变得敏感、多疑,没有安全感,做事蹑手蹑脚。

对欺凌者而言,如果不加以禁止和引导,会形成固执、偏执、狭隘、易怒的性格,这使得他们更容易与周围人产生摩擦,进而难以适应正常的社会生活。对于欺凌者,家长应该明确告诉孩子这样的行为不被允许,不可以用武力解决同学之间的冲突。如果再犯这种错误,将受到严厉的惩罚。

校园欺凌如此可怕,家长应该预防欺凌的产生,同时想好欺凌发生后如何处理。

如何预防校园欺凌?

第一,采用正确的方式和孩子沟通,引导孩子树立正确的价值观。

很多青春期的孩子都会排斥父母,但这种排斥并不是真的排斥。父母要在合适的时候采取正确的沟通方式了解孩子,帮助孩子解决问题,并且引导孩子树立正确的价值观。

第二,告诉孩子遭遇欺凌时如何应对。

告诉孩子遇到这种情况要保持镇定,懂得求助,然后学会主动避险,远离无人监管地带,明确以自身安全为先,冷静面对危险,不要向一群欺凌者挑战。

及时告诉父母和老师,老师和家长永远是他的后盾,告诉老师和家长并不是懦弱的表现。

第三,提前洞察校园欺凌产生的信号。

出现伤痕(孩子无缘无故出现伤痕);

个人物品丢失或者损坏(个人物品经常丢失);

突然逃学(突然出现不想上学、装病请假、逃学的情况);

上厕所习惯(孩子非要回家上厕所,或者使用浴室);

情绪异常(常常伤心和难过);

携带工具去学校(试图携带"保护"工具)。

很多时候孩子面对欺凌之所以沉默,就是因为换来的结果往往是批评和大骂,所以孩子情愿不讲。比起预防欺凌,更重要的是出现校园欺凌父母该怎么做。

如果孩子受到了欺凌,家长可以这样做:

1. 控制情绪,保持理智,立即查证、判断具体情况,不要采取极端措施,以免孩子陷入无助和自责。

2. 稳定孩子的情绪,理解和共情,无条件地陪伴孩子,给予孩子安全感。

3. 与孩子交流、沟通,让孩子相信能得到我们的帮助。

4. 第一时间与学校沟通,找班主任协调。不行再向校方或有关部门投诉。

5. 给孩子做好表率,不把负面情绪带给孩子。

6. 注意孩子的行为和心理,可寻求专业人士给予帮助。

7. 保留证据,必要时用法律武器保护自己的孩子。

面对校园欺凌,家长应该重视第一次。家长对孩子第一次遭遇欺凌的态度不仅决定了孩子的境遇,而且也会深刻影响孩子以后面对这种事情的心态。如果父母漫不经心地让孩子忍让一下,那么就可能把孩子推向经常遭遇欺凌的深渊。

第五章

学习提升

高考是孩子人生中的巨大挑战,当然高中阶段孩子的学业压力也是巨大的,这一阶段,孩子在学习上仍然需要家长的帮助,当他们学习态度不端正、学习方法不科学时,需要父母及时、正确的引导。

第一节　初升高成绩断崖式下滑？原因在这里

高考是人生中的巨大挑战,一进入高中便宣布了征途的开始。在高一起始阶段,很多孩子遇到的第一个问题就是初中成绩很好,但进入高中便出现成绩直线下滑的现象。

我的一个学生高倩(化名)就出现了这样的问题。

高倩中考以全县第一的成绩进入高中,但是进入高中后成绩逐渐下滑。无论是熬夜刷题,还是上辅导班,都改变不了成绩逐步下滑的趋势。

高倩在整个初中阶段成绩一直名列前茅。大大小小的考试,无论什么科目几乎都是满分,并且在中考的时候以全县第一的成绩考上重点高中。但是自从升入重点高中之后,情况发生了变化,无论是月考、期中考,还是期末考,她的成绩一路下滑。

针对这个情况,家长很着急,然后去问班主任。班主任说高中成绩会有下滑很正常,根本原因是初中知识的难度与高中没法比,高中涉及的知识点更多,涉及的问题也更深入。高中不只停留在表面知识上,更注重考查对知识深层次的理解与运用。另外,初中用到的学习方法并不一定适用于高中。

其实,高倩的情况不是个例,在我接手的高一学生中,成绩出现大幅度下滑的占到了30%左右。

成绩下滑的客观原因很简单,知识变难了。

而成绩下滑的主观原因是学习方法和学习策略没有进行同步升级。

高中知识量和学习难度都增加了,这是学生没法改变的。作为学生,唯一能改变的就是升级自己的学习方法和策略,提高学习效率。

面对成绩下滑,大多数学生采取的策略是延长学习时间,比如有一部分学生去上辅导班,通过补课短时间内提升成绩,但是补课一停,成绩又下滑了。大部分通过补习班提升成绩的,本质上都是在延长学习时间,并没有从根本上解决问题。

只有找到正确的学习方法提升学习效率,才能从根本上解决成绩一直下降的问题。

　　要想提升效率,我们可以引导孩子从预习和作业两个基础方面入手。课前预习可以使听课更高效,而作业又可以使知识得到强化和巩固。

　　首先来看预习。提高学习效率,预习是最重要的一个环节。预习并不是简单地看一下将要学的内容,是有方法有步骤的。预习可以从搭建框架、厘清脉络、明确题型、分析如何出题这四方面展开,具体内容在前面第二章第六节已经介绍过,大家可以参考前面内容。

　　提高效率一方面体现在预习上,另一方面体现在写作业上。

　　高中有一个奇怪的现象,有的人每天功课做到 12 点,为什么还是不提分。还有一个很多高中生都会遇到的问题,那就是作业没完成,到点了该不该去睡觉?

　　写作业是为了巩固知识点,查缺补漏。做作业要学会科学排序,不要进入"疲劳战术"的怪圈。

　　什么是疲劳战术的怪圈?

　　有的学生由于成绩不佳所以刷很多题,刷的题多导致长期晚睡,长期晚睡导致平时精神不佳,精神不佳导致上课效率不高,上课效率不高导致成绩不佳。

　　如果一个学生长期做功课很晚,成绩却没有提高的话,那就说明学习时间延长并没有使他加深对知识的理解与应用。

　　打破怪圈,与其盲目"更努力",不如先对作业任务进行科学排序,减少做作业的时间,确保充足的睡眠,第二天精神饱满地去听课。从表面看，这似乎减少了做功课的时间，但是调整好了学习状态，记忆效果会更佳，成绩反而提升更快。

学生之所以做作业做到头昏脑涨，很多时候是因为没有规划作业顺序，拿出一个科目的作业就在那里写，写着写着就发现没兴趣不想写了，或者遇到难题做不下去了。

也有一部分同学做作业是有规划的，他们按照由易到难或者由难到易的顺序去做。这两种方法都有可取之处，但并非效率最高的安排，而且不太容易让学生在写作业的时候产生愉悦感。

心理学上有一个定律叫"峰中定律"，指的是人在做一件事或参加一次活动的过程中，因为难度不同获得感会有所不同，所以从头到尾并不能感受到同等的愉悦度，但如果高峰和结尾的体验是愉悦的，那么整个体验都是愉悦的。

根据"峰中定律"，由难到易做作业会让人刚开始就头痛起来，甚至坚持不到最后，而按照由易到难的顺序又会让人在结束后体验感很差，容易形成畏难心理。

想要获得积极的体验感，可以把作业分为四个部分，分别是容易的、高难度的、中等难度的、容易的并且按照这个顺序来完成。

高考是人生的巨大挑战，对于孩子进入高中成绩突然下滑或者不适应等情况，我们无法改变知识量和考查难度，只能升级自己的学习习惯和学习策略，从而提高学习效率，提高学习效率最有效的方式便是科学预习和科学完成作业，作为家长，我们可以从这两方面引导孩子。

第二节 科学定目标，打破"孩子很努力，成绩却停滞不前"的魔咒

养兵千日，用兵一时。大多高中的孩子都非常努力，努力之后自然也希望在考试中拿到不错的成绩。但很多时候理想很丰满，现实却很骨感。

咨询中有些孩子把自己的时间在每个科目上都分配到了极致，几乎除了吃喝拉撒睡把时间都用在了学习上，但遗憾的是，无论怎么努力，成绩还是没有明显的变化，最终只是感动了自己，却没有感动成绩。

针对这样的孩子，通过分析，我发现成绩之所以没有得到提升，是因为他们没有对自己进行客观分析，没有制定可持续的适合自己的目标，一味依靠延长学习时间来提分。"明明很努力，分数就是不提升"，这样的孩子一般不会对自己进行科学分析，只知道盲目学习，学习方式大多依靠外力辅助，但外力辅助的时间和效果是有限的。

想要打破"学习很努力，但是成绩不提升"的魔咒，首先应该分析自己所处的阶段以及优劣势，然后再科学制定目标，并采用适合自己的学习方法去努力突破。

我在给学生做学习策略辅导时，一般会将孩子分为两类，然后根据不同类别采取不同的提分策略：

现在成绩居中,想知道如何稳定提升;

现在成绩落后,想知道如何有效突破。

孩子非常努力,想提升分数的大多是这两类孩子。

对于成绩落后、基础不稳的这一类孩子,首先要对题目进行取舍,以基础题为主,学会放弃难题。作业中的难题或需要策略的题目可以放弃,专攻基础题,同时要针对基础题整理出知识框架来,边做题边强化知识点。

成绩最难提升的是成绩位于中等水平的学生,他们中,有一种情况是偏科严重,单科成绩偏低,还有一种情况是各个科目都成绩平平,很难突破。对于这类学生来说,既需要抓基础题,又需要抓综合题,通过日积月累慢慢突破。如果每个科目都成绩平平,那么可以重点针对有望突破的科目制定合理的目标;如果是由于偏科导致,那么可以针对薄弱科目设定目标,然后一步步来提升。当然,除了科学设定目标外,还要匹配相应的实施方案。

什么是学习目标?比如有的孩子数学偏科,他想提升数学成绩,这并不算目标,只能叫想法。

90%的孩子都有想法,但没有目标。

大部分学生简单地认为自己的理想和想法就是目标,于是他们一次次地定目标、下保证,却一次又一次地失望。失望的原因,大都是尽管非常努力,却没有实现目标。他们没有想过自己设立的目标可能是一个"假目标"。

一个合理的目标,不仅有时间限制,而且内容具体、可落地、能执行。只有合理的目标才能持续给孩子动力,激励孩子不断前进。

如何引导孩子制定合理的目标呢?

一个合理的目标有五个指标,通常包含明确性、衡量型性、实现性、相关性和时限性,这就是著名的 SMART 原则。

比如孩子设定的"我想考好""我保证认真学习",这些都是无法执行的目标,因为它们不具体,无法配套相应的措施。

给大家看一个案例。

我辅导过一个孩子,最初给自己定了一个目标:我要好好学习,进入年级前一百名。

我们来分析一下这个目标。首先,什么时候进入前一百名? 是说哪次考试? 如何实现这一目标呢? 或者说,要进入前一百名,哪些科目需要提升? 提多少分?

经过 SMART 原则调整,他将目标改成"我要在本学期期末考试进入年级前一百名,为了实现这一目标,我的数学需要提高 20 分,语文成绩要提高 15 分,物理提高 5 分,其他成绩保持在班里前五水平。"

经过调整,想进入前一百名,不仅有了具体明确的时间,而且每一科目需要提升多少也具体化了。

但是这还不算一个完整的目标,一个好的目标还要有一个科学合理的配套实施方案。

后面他继续优化,最终优化为"我要在本学期期末考试进入年级前一百名,所以我的数学需要提高 20 分,语文成绩要提高 15 分,物理提高 5 分,其他成绩保持在班里前五水平。数学要提高 20 分:我处于中等水平,所以要在做完基础题的情况下每周完成一套卷子;语文要提 15 分:由于文言文和作文比较薄弱,所以我要每周完成一篇文言文练习,每天多背一些句子;物理要提高 5 分:我需要突破电磁专题,所以每两天做一道电磁题。"

最终目标定出来之后,不仅有时间限制,还有具体可操作的方案。为什么要按照这个标准来定目标呢? 综合来说,目标越清晰,越容易执行,最终达成的概率也越高。

打破非常努力停滞不前的魔咒,首先要学会制定目标,然后根据现有情况匹配具体可行的方案,随着一个个目标的实现,相信孩子也会越来越有动力。

第三节　科学记忆和复习，学习才能事半功倍

想考出好的成绩,记忆和复习尤为重要。

"记忆"很重要,它是神经回路的形成。假如把整个大脑想象成一个城市的话,住宅就是神经元,住宅和住宅之间的道路叫作神经纤维,最后它们共同形成的"社区"叫神经回路。大脑里有多少个有效的神经回路,就好比有多少个有效的住宅区,记忆的东西也就有多少。

记忆分为长期记忆和短期记忆。人的大脑就像一部计算机,计算机里有处理器,也有内存。如果想把一个东西长期储存在电

脑里,那就需要把它放在内存里,如果只需临时处理一下,那么直接放处理器就好了。我们大脑也有这样两个地方,从外界摄入的信息最开始都在临时处理器里面,想要形成记忆长期储存,就需要把这些东西放到硬盘里,也就是大脑皮层。短时记忆和大脑皮层之间,有一个"把关"的,就是海马体。海马体负责筛选判断接收到的信息是否值得长期记忆,如果值得,就长期记忆;若不值得,就直接忘掉。

想要进行长期记忆,必须通过海马体。海马体根据这件事是否有着不可或缺的意义来判断是否需要长期记忆。比如小孩子被热水烫了一下,这件事就算你不说他,他也会记一辈子,因为和疼痛有关。一个英文单词怎么拼,这个公式是什么,这样的信息就显得特别无聊了,在海马体面前完全不过关。这也是大脑不容易记住知识的原因。

想要形成长期记忆,一定要经过海马体,海马体筛选非常严格。想要顺利通过海马体的筛选,就要把知识"伪装"成很重要的东西,一次次出现在海马体面前,直到海马体认为这个知识很重要,从而形成长期记忆。

形成长期记忆的方法就是"欺骗"海马体,"欺骗"海马体最有效的方法就是一次次的重复。

那怎么样重复才能最快形成长期记忆呢?首先我们先要知道大脑究竟是以什么样的规律遗忘信息的。

德国心理学家艾宾浩斯做过一个相关的实验。

实验中请大家记住 10 组由三个字母组成的音节：

（YUM）（KOS）（KES）（TOH）（SOB）

（BEX）（TAR）（KUM）（MIJ）（JAS）

这十组音节没有任何意义，在背诵的时候注意两点：第一，不要使用谐音等记忆方法，而是死记硬背；第二，从记住这些音节到测试开始，在此期间不要复习。这是一个关于"忘记"的实验，如果做不到以上两点，就无法看到"忘记"的真面目。

艾宾浩斯通过实验得到了结论，并画出了"遗忘曲线"，如下图所示。

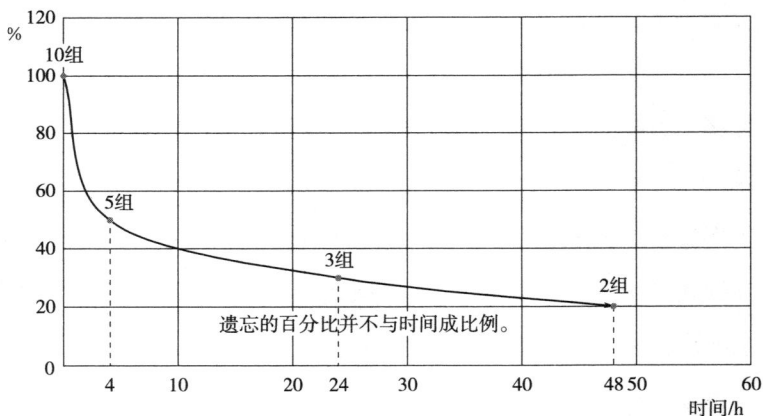

遗忘曲线

遗忘曲线不是一个一次函数，而是一条曲线。从遗忘曲线我们可以看出人忘记东西是先陡降，然后缓缓变慢，而不是匀速忘记的。

另外由上图可见，在记住信息的 4 个小时内，人一口气会忘掉大约一半的内容。在此之后，剩余的记忆却能维持更长时间，

24 小时之后还剩下三组,48 小时之后还记得 2 组,慢慢地可能形成长期记忆。

什么会使记忆消失呢?随后,艾宾浩斯又进行了实验,实验说明,大量信息塞入脑海会导致记忆效果变差。

过程是这样的:同样的实验,只不过在记住上面 10 组音节 1 小时后再背诵 10 组新音节。

(TAQ)(MIK)(KOX)(GIY)(YAT)

(QOY)(MIZ)(JOQ)(DIH)(XUP)

在记住这 10 组音节之后再过三小时,让实验人员试着回想第一次背诵的 10 组音节,记忆效果如下图所示。

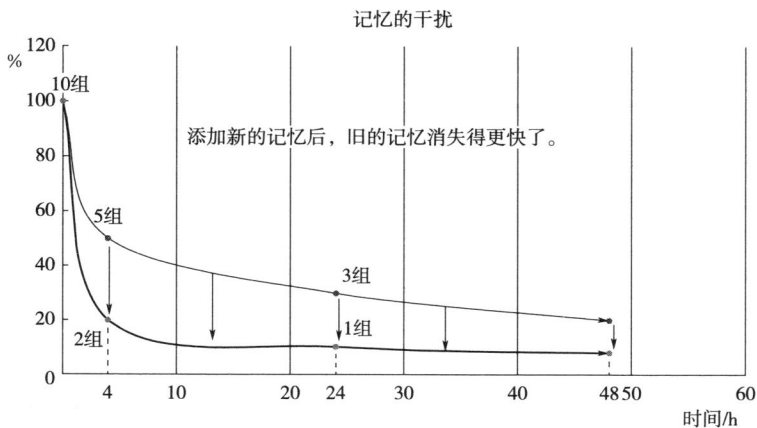

记忆干扰曲线

最终第一次记住的单词变成了 2 组左右,第二次记住的单词也没有 5 组。

新记忆与旧记忆相互影响的现象叫记忆的干扰,记忆片段在人脑中不是独立的,而是相互影响、相互关联的,有时它们会相互抑制(独立的新知识),有时会相互合作得到巩固(新旧知识有联系的情况)。

根据以往曲线实验的经验可知,如果能让遗忘曲线的倾斜度变得缓和一些,那么知识就没那么容易被遗忘了。

在第一次实验的基础上,艾宾浩斯继续实验。根据曲线可以推测,随着时间的推移,所有的音节都会消失,最终一个也想不起来。事实上,这些记忆并没有真的消失,而是保存在了潜意识里。

在确定完全想不起来之后,艾宾浩斯让实验人员重新记忆之前的 10 组音节并进行测试,发现记忆得不仅比原来快,而且 4 小时之后记忆得也更多了。同样在完全忘记之后,第二次进行复习发现 4 小时之后记住的比第二次更多。描绘出来的图像如下图所示。

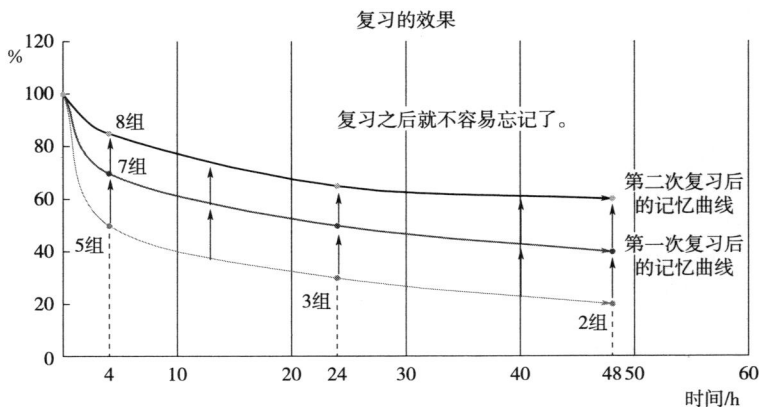

复习的效果

从图像可以看出,复习可以降低知识遗忘的速度。

"复习"二字说起来简单,做起来并不简单,盲目复习并没有效率。

　　复习需要注意三点,第一点就是复习的时间问题,在上面实验的基础上,科学家又进一步研究得出潜在记忆会保持一个月时间,也就是说,我们一个月之后再复习,潜在记忆就很难发挥作用了。所以复习并不是任何时候都有效,最迟也要在一个月之内。

　　通过实验,相关研究人员给出了一个科学合理的复习节奏。

　　第一次复习:学习新知识两天之后。

　　第二次复习:第一次复习一周后。

　　第三次复习:第二次复习两周后。

　　第四次复习:第三次复习一个月后。

　　关于复习,第二个关键点就是复习同样的内容。根据上面的实验我们可以知道,新旧复习内容不一样会导致记忆干扰,更不利于记忆,因此重复同样的学习内容十分重要。

　　关于复习的第三个关键点是,人脑更注重输出部分。

　　科学家找4组同学记忆40个没有见过的斯瓦希里单词,然后进行测试,测试过程中没有一个人能够全对。之后又把他们分成四组。

　　第一组,要求重新背全部的单词,然后测试全部的单词,测试出现错误再进行重复记忆,直到没错为止。

　　第二组,要求重新背出错的单词,然后测试全部的单词,测试出现错误再进行重复记忆,直到没错为止。

　　第三组,要求重新背全部的单词,然后测试出错的单词,测试出现错误再进行重复记忆,直到没错为止。

第四组,要求重新背出错的单词,然后测试出错的单词,测试出现错误再进行重复记忆,直到没错为止。

实验对比

	重新背的单词	测试的单词
第一组	全部单词	全部单词
第二组	出错的单词	全部单词
第三组	全部单词	出错的单词
第四组	出错的单词	出错的单词

在全部记下来一周后,对这些同学再次进行测试,发现成绩有明显的差别,如下图所示。

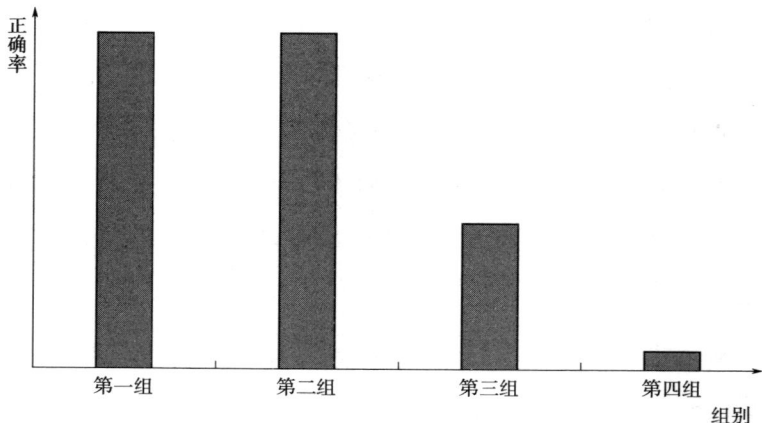

测试结果

这个实验告诉我们,要想留住记忆,就不要忽视输出的过程。所以与其钻研参考书或者教科书,不如去刷点习题集,勤加练习反而能取得更好的效果。

我们知道了记忆的真相,也了解了记忆的内在原理,在此基础上利用科学的方法复习,才能事半功倍。

鉴于大脑遗忘"先快后慢"的规律,艾宾浩斯和之后的更多记忆研究者总结出了我们文中所说的"间隔式复习"方法。

间隔式复习相比于大部分学生的集中式复习,效果更好。

如何更好地利用间隔式复习记住大量的知识呢?为了操作简单,可以按照下表进行。

竖排填写学习内容,横排为每次复习时间。每次先测试之后再进行复习。

间隔式复习表

学习内容	学习/复习日期				
	第一次	两天之后	一周之后	两周之后	一个月之后
知识点1					
知识点2					
知识点3					
知识点4					

长期使用间隔式复习法,不仅有效地利用了大脑规律,帮助孩子找到了最佳的记忆时间点,还避免了集中式复习带来的压力,这就是科学的复习方法。

第四节　刷不刷题? 怎么刷

多年从业生涯中,我始终认为孩子一个科目配一本教材和一本习题册就足够了，多出的部分我认为就是"刷题"部分了。

配习题册的目的是帮助孩子进行巩固，看所学知识是否已掌握。检测之后很多家长发现孩子有些知识点并没有掌握，于是购买更多的练习册、更多的试卷，通过刷题来让孩子查缺补漏，进一步巩固。

在高中，有这样一类孩子，他们学习非常努力，做笔记也非常认真，题也刷了不少，他们把全部精力都用在了学习上，看起来比别人付出了好几倍的努力，但是成绩始终平淡无奇。

为什么会这样？是智力原因吗？

并不是。问题主要出在学习方法上。细心的家长会发现，这些非常努力的孩子，身上存在一个共同特点，他们虽然一遍遍地刷题，但他们却很少对知识对题目进行总结，他们不懂得深入思考。也就是说孩子的思路是僵化的，这种情况下刷多少题都没用。

还有一类学生，这类学生貌似成绩不错，却不稳定。他们往往在进行阶段小测的时候成绩不错，但是做对的大都是课堂上讲过的题目，对于综合型题目他们很难得分。

这类孩子之所以表现出成绩不错，并不是因为学习能力有多强，学习方法有多好，而与题型基础、涉及知识点单一有关。这样的孩子很容易在高考的时候发挥不稳定，因为高考题很多都是源于课本、但又高于课本的有深度的综合题，没有原题。

对于这两类孩子，无论刷多少题，都没有用，因为他们都陷入了"死学"的陷阱。对于这样的孩子，要引导他们在做题过程中和做完题后多进行回顾总结，梳理解题思路。必要时可以请老师帮助孩子。

刷题是很有必要的。那么如何刷题呢？

我把孩子按成绩分为三大类。第一类,现在成绩落后,想要学习有所突破的;第二类,现在成绩居中,想要稳步提升的;第三类,现在成绩优秀,想知道如何保持领先,甚至突破瓶颈的。第一类和第二类孩子偏多,在这里,我们只说这两类孩子的刷题方法。

同时,我又把高中三年分成了三个阶段,每个阶段针对不同类型的孩子,刷题重点也有所不同。

先来说高一阶段,高一阶段题目不是特别难,它是高中三年的开始。

在高一,对于成绩落后,想要学习有所突破的孩子,其实并不适合过多地刷题。这是因为基础本来就比较薄弱,刷题多反而容易浪费时间,这个阶段更应该注重基础学习。

由于基础比较薄弱,所以在高一应该夯实基础,面对偏难的大题,可以选择舍弃,把基础题做好,不断总结知识反思思路就可以。

在高一,对于成绩居中、想要稳步提升的孩子来说,基础知识处于半熟练边缘,此时可以适量做一些综合性题目,同时可以选择一些"整理型"(以知识框架为主)的教辅资料进行匹配练习。

高二是高中的转折点,对孩子来说至关重要。

在高二,对于成绩落后,想要有所突破的孩子,需要把学校里老师讲的内容全部吃透,如果还有余力的话,可以选择一些巩固基础知识的题目加以练习。

对于成绩居中、想要有所提升的孩子,在巩固基础的前提下,可以选择一本"习题型"资料(以习题为主)进行知识模块的练习。

高三是高中最后一年,也是全力冲刺的一年。

在资料选取方面,大家都差不多,都是一轮选择"习题型"的练习册(划分知识模块),二轮选择综合型的试卷进行练习。但对于成绩落后的孩子来说,要更注重基础题目的练习。

不同类型的资料有着不同的优势。试卷作为考试的一种载体,具有知识点分布广、题型全面等特点,是不错的综合复习资料。

在教辅资料中,知名中学的模拟试卷、历年真题都是非常不错的选择。

高考命题的总趋势是保持平稳,积极变化,即在保持题型、分值基本不变的基础上,根据社会热点做积极的变化。所以,把高考真题吃透孩子就能揣摩出高考的命题规律。

高考真题很多时候不仅仅是为了练手,它还是孩子揭开高考神秘面纱的工具,认真分析和仔细揣摩,高考也是有规律可循的,所以一定要用好这一武器。

第五节　成绩起伏太大? 可能是因为……

高中的孩子成绩起伏能有多大呢? 有的孩子上一次考试总分620分,下一次就540多分。

高中成绩起伏大,主要与考试难度和自身状态有关。

考试难度是如何影响成绩的呢? 比如考试总体难度比较小,那么大家的分数可能都会升高,但是到了下一次考试,难度上来了,大家整体成绩都下降了。有的孩子上一次总分 620 多分,排名在班里第 10 名,这一次总分考了 540 分,排名还是第 10 名,那么就不能说这个成绩下降了。在看分数下降上升的同时,排名也是一个客观的参考值。由于考试难度加深,导致分数降低,并不能说明孩子的学习水平下降了。

家长在孩子进入高中后,讨论成绩时一定要参考排位。

在高中,一般情况下孩子的总排名是相对稳定的,不会由于考试难度的变化发生特别大的变化。

虽然考试难度会影响分数,但是很多时候无论难度再大,仍然有学生考得很好,无论是总分还是单科成绩,依旧那么优秀。

准确来讲,考试难度影响成绩波动,主要影响的是成绩中等的学生。高一的时候难度相对较低,考试内容相对比较简单,成绩中等和优秀的孩子,分数相差不是特别大,但是一旦难度增加,分数立马就会变得悬殊起来。

影响成绩波动的客观因素还有考试类型。比如月考、期中和期末考试,月考的命题内容比较少,就是这一个月学习的内容,如果学生这个月学习努力,那么月考可能就考得好;而期中考试是半个学期的内容,期末考试则是一个学期的内容,它要求学生这半个学期或者一个学期都需要扎实地学习,而且要及时复习,否则就会出现知识盲区,考试就会出问题。所以,有的学生月考考得好,但是一到大考就不行了,原因可能就在这里。

除了考试难度和考试类型之外，影响成绩波动的另一个因素是孩子的状态。

有些孩子一进考场就紧张，每一次考试都给自己巨大的心理压力，想用一次考试来证明自己的实力。于是一到考试就紧张，紧张就想不起来了，只要遇到一个题目不会，心态就崩溃，一个科目考砸，后面的考试也都考砸了。

孩子的心理状态是孩子成绩波动的主观因素，帮助孩子减压是家长必做的功课。

对于莘莘学子来说，考场就如战场，要想在战场中脱颖而出，就必须放下包袱，沉着应战。对于高中孩子更是如此，只有把压力释放出来，才能在考试中稳定发挥。

一次咨询的时候，一个学生告诉我说："每当考试的时候，我就会失眠，每次这样就考不好，于是我认为失眠导致状态不好，从而导致自己考不好，但试过了很多办法还是不管用。"

咨询后，我发现这个孩子反映了很多高中生面临的问题，压力大。在学生群体中，高中生是一个特殊的群体，他们面临着人生重要的挑战，压力也会伴随而生。

适当的压力对孩子有益，但是压力过大就会导致心理出现问题，心理压力过大导致睡不好觉，导致学习效率低，从而导致成绩差。自尊心、进取心过强的孩子，压力对他们成绩的影响更大。

通过长时间的观察，我发现孩子的压力主要来自家人特殊的照顾和同学之间名次、成绩的攀比。

　　为了孩子在激烈的社会竞争中不被淘汰,大多数家长都会把"送孩子进入重点名牌大学"定为自己的目标。在这一目标的驱使下,家长把所有的努力都用在了孩子身上,甚至想尽一切办法帮孩子排除干扰。

　　但是这样的做法不但不能为孩子解除后顾之忧,还会在无形中给孩子增加很大的压力。高中的孩子发生了巨大的变化,他们学会了考虑别人的感受,他们不仅会考虑成绩不好对自己的影响,还会考虑成绩不好对父母的影响。

　　所以作为家长,为了防止孩子压力过大,不要把孩子当成保护对象,要打破自己过度关注所制造的紧张氛围。

　　没有了紧张的氛围,甩掉了压力的包裹,孩子才能轻松应战,进而从容面对考试。

　　要引导孩子不要与身边的同学对比,要多和自己比。学会重视考试过程,看淡考试结果。

　　在咨询的时候,一个家长向我描述了自己孩子考完之后的表现:"每次孩子拿到成绩单后,都会反复看半天,一旦发现有人超过他,就会自言自语:'他怎么比我考得好呢?我应该怎么办?'孩子压力这么大,长期下去会不会有问题?"

　　其实很多孩子和这个孩子一样,跌入了"过度关注分数和名次"的误区。每当有人超越他,就会陷入无限的焦虑之中,从而想的是下次一定要赶上……这样每一次考试都会带着无比大的压力进入考场,反而让自己不能正常发挥。所以要想发挥好,一定要调整好孩子的状态。

无论是家庭带来的压力，还是和同学对比带来的压力，其实都是太注重考试结果。

家长要引导孩子学会重视学习过程，看淡学习结果。

考试只是为了查缺补漏，它能在一定程度上反映最近一段时间哪些知识点掌握得比较薄弱。重视学习过程，内心才会充实。面对每次考试带来的遗憾和不足，一步步地完善，这才是正视问题、良性发展的过程。

将分数看成反馈，那么无论是高还是低，都可以保持一种波澜不惊的心态，继续把精力投入到第二天的学习计划当中。

将分数看作失败或成功，孩子便很容易因为一次成绩不理想而走向崩溃，觉得自己不行了，第二天郁郁寡欢，提不起精神。

第六节　考试发挥总失常，原来问题出在这儿

我有一个山东籍学生，一共参加了四次高考。有一次，我和这个学生聊天，问他怎么老考不上？他告诉我压力太大了，每次考试他都很紧张，每次模拟考试成绩都考得不错，但一上高考考场，人就懵了，所学知识一下全忘了，所以四次高考都考得不是特别理想。

为什么有些学生平时成绩不错，上课认真听讲，作业按时完成，但是一到考试的时候就发挥不出平时应有的水平呢？总结下来，主要原因有两条：

1. 考试恐惧症,一进考场就异常紧张;

2. 考试出现失误,如计算失误等。

其实无论是什么考试,过度紧张都会带来不可挽回的后果。

在考场中,有的学生能判断出自己的紧张状态,他们会采取深呼吸等方式帮助自己缓解。

那么对于学生而言,如何判断自己考试时是否紧张呢?

紧张,是一种心理现象,也是一种生理现象,通常会有以下反应:

心跳加速,有胸闷的感觉;

胃功能下降,肠道蠕动加速(甚至会拉肚子);

呼吸不顺畅,有时会喘不上气,头脑有点缺氧的感觉;

肌肉血管舒张,坐立不安;

口干舌燥,或者唾液分泌过多,吞口水;

老是想上厕所;

出汗增多;

视线难以聚焦,感觉看不清晰。

这些生理反应,就是人体交感神经过于兴奋的表现,即便最轻的反应都可能对考试发挥造成影响。

如何应对"考试恐惧症"带来的紧张呢?

其实,对于考试恐惧症带来的紧张,最重要的就是转换思维,虽然转换思维并非一朝一夕就能做到,但是可以先从学习方面入手,逐渐培养自己的乐观思维。

另外,对于容易怯场的人来说,可以试一下"暴露法"。也就是说,除了模拟考试,还应该经常性地参加一些其他考试,多积累经验。一般别人只参加期中、期末考试,但对于经常怯场的人来说,可以参加雅思考试或者演讲比赛等,以此积累经验,慢慢找到适合自己考试的感觉。

有研究表明,考试前把自己的不安心情写出来,紧张的情绪也会得到缓解,我把这种方法称为"自我观察书写放松法"。在相关实验中,参与考试者在考试前写下具体的让自己感到不安的考试内容,并描述自己的不安状态,之后他们的紧张情绪便得到了一定程度的缓解,最终成绩甚至提高了10%。这个方法简单、有效,在使用时要注意,一定要写和考试有关的东西,并且把不安的情绪真诚地吐露出来。

第三个有效的方法是坐直,千万不要趴在桌子上。坐直后想象自己最棒的时刻,让自己充满高能量,给自己自信。

这一种方法来源于"高能量姿势"理论,同时,它也是运动员常用的心理战术。

另外,在考试的时候,由于紧张还可能无法集中注意力。事实上,就算不紧张,一般人集中注意力的时长也很难超过60分钟,大概在30~60分钟之间。也就是说,在上课和考试的时候,一旦超过60分钟,注意力便很难高度集中。

当人在做一件事的时候,注意力一般会在开头和结尾比较集中,我们称为"开头努力"与"结尾努力"。举例来说,考生往往在开考初始阶段容易集中注意力答题,在快要结束的时候答题效率也会不错,但在中间阶段注意力很容易中断。

如果考试时间为两小时,那么避免考试中途"松懈"的方法,就是把考试时间分成每 30 分钟一段,这样前 15 分钟是"开头努力",后 15 分钟是"结尾努力",这样经过几个来回,更容易集中注意力完成整个考试。

能在考试中高效发挥注意力的作用,对于考试发挥也是一个辅助点。

除了紧张因素和注意力不集中外,还有的人因为计算错误导致考试没有发挥好,甚至还有孩子因为答题卡涂错而成绩受到影响。其实,越是容易出现这种情况的人,越是危险的。对于计算经常出错的人来说,一般他们的笔算过程也是杂乱无章的。可以这么说,他们平时对待学习就不是很认真,同时也不看重计算。但对于考试来说,认真也是考试的一个重点,计算也是学习过程的一个关键环节。

想要考试发挥得好,还需要一些考试技巧,具体方法如下:

在考试时,不要拿到卷子就答题,可以先快速浏览一下考试试卷。这样做的目的不是抢时间想答案,而是看哪些题目最有把握。

然后根据不同的分值和解题难度,用铅笔标出来以下四类题目:

1. 分值高,难度低

2. 分值低,难度低

3. 分值高,难度高

4. 分值低,难度高

正式开考后,前30分钟,考生可以先做那些分值高且难度低的题,先锁定能最快拿到的分数。

然后在后面的时间再去主攻另外几种题:

第一种:分值低且难度低的题。

这种题目一般是选择或者填空题,题目一般比较简单,每道题花费的时间不会很长。

第二种:分值高,但有一定难度的题。

这种题一般是后面的综合型大题,考生需要花费大量时间去思考。如果已经拿到了足够的分数,心里有了底,那么再做这些题,心里也会放宽一些。

主攻完这两种题之后,考生再去思考最后的压轴题。一份试卷的压轴题,往往是有难度的,一般是选择、填空和解答题的最后一题。考生面对这类题目时,对于选择填空争取利用技巧得分,对于大题争取拿下步骤分。

平时就要做好关于考试做题顺序的训练,不能等到中高考等重大考试时,才临时抱佛脚去突击。在平时的单元检测、月考、期中考等大小测试中,就要有意识地进行训练,并养成一定的习惯。

有了科学合理的考试策略,才会有从容不迫的心态,才有可能在大考的时候拿到稳定的成绩,甚至实现超常发挥。

千鸟在林,不如一鸟在手。距离考试结束最后10分钟的时候,与其做一道不确定能否拿到分的压轴题,不如认真检查自己已经做出来的题,确保得分。

有限的时间内,为了避免丢失冤枉分,可以按照下面两个步骤进行检查:

1. 浏览自己的答案页,确定每一道题都写了,位置都是对的,答题卡都涂对了,没有涂错位置(防止没有涂或者涂错位置,导致白白丢分)。

2. 对于检查出的可能出错的地方,除非确认之前的答案是错的,才去改动(面对半信半疑的题目,不要轻易改动,尤其是选择题,大部分情况下第一选择是对的)。

考完一个科目,既来之,则安之,无论成绩如何,当下这门考试已经结束,就不要再"留恋",把重心放在下一个科目,努力就好了。

"高考"不仅是对知识掌握程度的考查,也是对孩子抗压能力以及做题策略的考查。

只有在平时把每一场考试都当成高考进行实战,才能在高考时稳定发挥出自己的水平。

第七节　高三要不要陪读? 家长如何做

进入高三,很多家长选择牺牲自己一年的时间来陪孩子。

应不应该陪读?

任何问题都有两面性,陪读也一样。陪读,涉及家庭条件、孩子意愿、亲子关系、家长毅力等问题,只有妥善处理好这些问题,在陪读的时候才能帮助到孩子,否则轻则引起亲子关系出现问题,重则引发家庭矛盾。

首先，要不要陪读，需要根据孩子的意愿而定。

先征求孩子的意见，孩子同意走读的前提下，再去思考其他问题。亲子关系是否融洽决定了走不走读。

如若亲子关系融洽，能够有效沟通，孩子又不想住校，当然建议走读。亲子融洽的基础上，好的学习环境、生活环境才能帮助孩子在学习上更进一步；亲子间时常有矛盾，这种情况下走读可能导致孩子成绩不仅不提高，反而还会下降。

孩子同意走读后，再询问一下是否同意父母陪读，如果不同意，那最好还是尊重孩子的意见。

孩子层面考虑完之后，我们再来考虑家长层面。

首先，要考虑家庭条件的问题。

第一，陪读意味着放弃工作，是否做好了准备？

第二，关于陪读，夫妻观点是否一致？要确保一方愿意，且有能力、肯担当，能挑起全家的经济重担；另一方心甘情愿放弃事业，回归家庭，同时得到对方的支持。

大多陪读的家长都是中年人。睁开眼，看到的都是依靠自己的人，却很少有自己可以依靠的人，其实这个时候父母的压力也是很大的。陪读不能只是一时的心血来潮，一定要慎重考虑。

高中的孩子，陪伴是锦上添花，不是必须。条件允许，孩子需要，能够陪伴当然最好；反之，则失去了陪的意义。

另外，我要告诉家长的是，陪读需要毅力。自己一旦选择，便只顾风雨兼程。要轻装上阵,不以孩子出类拔萃为目标,只以自己力所能及为初心,爱与责任为使命,不问前程为何,但求落幕无悔,以多存少取的心境,默默耕耘,静待花开。

单从孩子层面和家庭层面判定是否"陪读"是远远不够的,还需要了解走读生和住校生的区别,判断孩子适合不适合。

首先,走读生和住校生在生活环境上有所不同。对于走读生来说,高中时间紧,任务重,走读不仅可以缓解压力,还能有自己独立的个人空间。但是如果孩子的自控能力比较差,在家的诱惑太大,反而不能充分利用时间;而对于自律能力好的孩子来说,却是一个非常有利的因素,他们可以合理安排自己放学后的时间,有效利用时间,提高学习效率。

对于住校生来说,住校可以节省上下学的时间,多了和同学相处的时间,作息也比较规律。对于住校生来说,弊端是会受宿舍环境、同学生活习惯的影响,生活精致的孩子可能会因为没有独立的个人空间而感到不适。

其次,走读生和住校生在状态的调整上也有很大的不同。

走读可以及时释放压力,舒缓心情,尤其是亲子关系好的家庭,父母能及时洞悉孩子的内心世界,通过适时正确的引导,引领孩子健康成长。

而住校生在学校得不到父母的陪伴,和同学不可避免地会发生一些小摩擦,或者因为成绩不好而导致心情不好时,只能自己调节。

高三学生面对的问题很多,无论陪不陪读,家长也要做个多面手,尽量扮好多个角色,既要学会做孩子学习上的助手,又要善于做孩子时间管理的管家,还要做好孩子的营养师……

高三家长,面对孩子即将参加高考,大多数都是把孩子列为重点保护对象,自己则变成了孩子的小跟班,不但对孩子"言听计从",甚至还为孩子包办一切。其实,这种"仆人式"的做法不利于孩子从容面对高考,"仆人式"的服务更容易让孩子有负罪感,从而产生更大的压力。高三孩子都是成熟的大孩子,与之前相比,他们思考问题会变多,家长越是把他们当作重点保护对象,就越会给他们这样的暗示:高考很重要,只许成功不许失败,父母一切都是为了你。对于面临激烈竞争的孩子来说,这无疑是一个巨大的压力。

高三父母要做的是成为孩子学习上的助手、时间上的管家和饮食上的营养师。

家长做孩子的学习助手,并不是辅导孩子学习。在高三,孩子的时间很紧,大多数孩子忙着复习,做题,也许没时间总结更好更高效的学习方法,这个时候,家长可以结合孩子的情况以及网上搜集的信息,为孩子提供更高效的学习方法。

比如,第一,帮助孩子筛选和分析好的资料;第二,提前帮助孩子打印学习资料;第三,帮助孩子筛选错题,便于孩子整理在错题本上;第四,做孩子想做,但是没时间做的事情。

家长做助手,主要帮助孩子解决那些耗费体力,而不耗费脑力的事情。

　　除此之外,家长也需要引导孩子更科学地利用时间,时间合理利用能使学习更高效,从而达到更好的学习效果。

　　对于时间管理,家长可以引导孩子合理利用时间,比如学习科目的顺序安排,强弱学科轮流学习等。做了时间上的规划,不仅不容易使孩子感到疲劳,还有助于学习效率的提高。

　　高三家长还要做孩子饮食上的营养师。

　　高三,是孩子长身体,更是决定人生走向的关键时期。在这一年里,孩子压力巨大,消耗也是很大的,每一位家长要承担起营养师的重担,为孩子提供充足的营养。

　　如何做好孩子的营养师呢?

　　在为孩子烹制食物时,应该做到粗粮与细粮相结合,荤菜与素菜相搭配,这样孩子才能得到均衡的营养。

　　高三是至关重要的学年,对孩子的心理、毅力、抉择能力等都是一场重要的演练,这时家长的支持和帮助对孩子来说格外重要。

　　陪读的家长要有长远眼光,不要计较一时得失,要有高考再重要也不会毕其功于一役,学习是终身之事的理念与站位,要真正做到无条件地悦纳自己的孩子,尽量少过问或不过问孩子的学习成绩,要做到陪伴大于督促,倾听大于讲理,精神关注大于物质关注,到位而不越位,关爱而不溺爱。

　　陪读家长要做孩子成长道路上的知心朋友与强大后盾,一言以蔽之,做孩子的学习助手、时间管家、营养师以及人生导师,也只有这样,我们的陪读才有意义。

第八节　马上高考了，哪个科目最好提分

很多学校一到高三便开始了高考倒计时，日子一天天地减少，瞬间即逝，于是在最短时间内，以最快的速度提分成了关键任务。当务之急，除了提高学习效率、有效把握学习时间外，在仅剩的时间里哪个科目最好提分，成了一个问题。

一轮复习，重在构建每个学科的基础框架，把每个学科的知识网络搭建起来。一轮复习也是孩子从不适应高三到进入战场之前的基础准备，每个孩子都需要找到适合自己的学习节奏和状态。

一轮复习之后便是百日冲刺，时间有限，知识点多而杂，如何在最短的时间拿到最高的分数，就要判断哪个科目最好提升，判断哪个科目提分空间大，这不仅要从学科备考特点入手，还要结合自身情况。

想要知道百日冲刺什么学科最容易提分，首先要了解每一个学科的备考特点，再根据以往考生成绩判断学科瓶颈，最终结合自己的学科优势分析选择出最容易提分的科目。

各个学科的备考特点如下：

一、语文备考特点

1. 需要系统梳理基础知识，利用零散时间查漏补缺。

2. 在阅读方面，要把握文体特征、基本思路和命题倾向，在此

基础上认真训练,比较自己的答案和标准答案,找出差距,研究分析,找出规律,掌握技巧,形成能力。

3. 作文方面,集中研读涵盖自我、社会、自然等方面的 10 至 15 个经典的作文素材,重点积累 15 句相应的名言警句;回顾自己中学以来的心路历程,整理高中以来自己最为关注并形成一定见解的问题、现象、理念等;研读高考作文发展等级的评分标准,写几篇最能体现自己特点和水平的限时作文,从而提升自己的应考能力和信心。

4. 定期定时认真完成整套语文试卷,保证答题感觉和答题速度,并且积累一些固定题型的答题模式和套路,如古诗文鉴赏等题型。

二、数学备考特点

1. 扎实学科基础,弥补薄弱知识点,立足课本建立知识网络框架。

2. 在刷题的基础上找到自己的薄弱点,针对薄弱部分反复训练。

3. 要重拾做错的题,特别是大型考试中出错的题,回归教材,分析出错原因,从根源处解决问题。

4. 如果到了最后冲刺阶段,训练应以基础知识为主,其训练内容应包括以下方面:基础知识和基本运算;解选择题、填空题的策略;传统知识板块的"保温";对知识网络交会点处的"小题大做"。

三、英语备考特点

1. 平时多用零碎时间,避免大突击大跃进。英语学科可以随时随地进行复习,因此同学们可以见缝插针地学英语,更可以作为两个学科复习中间的调剂。如单词、词组,每天抽时间背几个,或加深记忆。

2. 从近几年全国各地的高考题可以发现,英语越来越倾向于能力的考查,因此平时在阅读时要尽量把每句话读透,理解意思,这才是考好英语的关键。

3. 需要对高考真题进行研究,特别是文章类型和出题特点。

四、历史备考特点

1. 要将基础知识串成线。在一个大板块中,会有很多细碎的知识点,大大小小,经常有同学会忘记复习。对此,孩子们可以将大板块下的历史事件进行分类整理,进而发现它们之间的关联,在此基础上再去记忆。

2. 历史学科知识点太多,所以要有筛选重要知识点的能力,在此基础上选择性地记忆。

五、地理备考特点

地理是偏理科的一门文科,很多内容需要在理解原理的基础上去记忆。

六、政治备考特点

1. 需要进行试题归类,把做过的试题按照题型分成不同的类别,然后再分析每一类题的特点、解题思路、答案模式。

2. 需要拿出一部分时间关注新闻,以此捕捉考试热点。

3. 答题技巧归类。政治答题是有技巧的,在备考的时候一定要了解答题技巧。

七、物理备考特点

1. 重点是攻克难点,比如力学综合,电磁学里的叠加场、复合场等,针对难点要进行专项突破和训练。

2. 多进行强化训练和限时训练。

八、化学备考特点

1. 需要进行方法梳理、技巧提炼,除此之外,还要对考区的考题形式、高频考点、常见易错点有清晰的认识,同时也应该找到自己的薄弱点,围绕它进行针对性的训练。

2. 成绩比较好的同学应该有节奏地做整套卷子,保持紧张度,找到知识的小漏洞就把它补上,使成绩稳中有升,不断完善自己;成绩不是特别理想的同学也必须进入模考卷、押题卷等整套试卷的演练中,找到漏洞后小范围专题突破。

九、生物备考特点

1. 边复习基础知识,边做高考真题专项训练,每天都做,同时把做错的题仔细整理在错题本上,精准定位该题用到的知识点,然后针对这一知识点进行专项训练,用高精度高强度的集训完成对薄弱点的攻克。

2. 在限定时间内每隔两三天完成一套卷子,以保持答题感觉,保证答题速度。

了解了各个学科的备考特点,接下来我们需要结合自身情况来分析一下在最后阶段到底应该选择提哪科。

下面是一个学生的案例。

2022 年高考期间,我在四川的一个学生,他上高三后结合科目备考计划给自己定下了总分 630 分的目标。为了达到这个总分,数学需要达到 135 分、语文 115 分、英语 140 分、历史 90 分、地理 70 分、政治 80 分。这是他根据自己的学习情况分解出来的每个学科的目标,而他的实际情况是,英语以往在班里基本稳定在 135 分,数学长期在 130 分左右,地理比较薄弱,历史比较好。

高三上学期期末考试,他的总成绩是 602 分,其中语文 125 分、数学 126 分、英语 131 分、历史 84 分、地理 60 分、政治 76 分。

我给他分析,最容易提的是地理,其次是政治。历史和政治相比,政治拿到 80 分比历史拿到 90 分要更容易。数学也有 10 分的提分空间,因为对于一个长期稳定在 130 分左右的人来说,数学达到 135 分应该不难。再来看最后两科语文和英语,结合实际情况,语文 125 分有下滑的风险,应该注意,而英语 131 分,与以往相比有所降低,主要是由于考试难度太大导致,以往不会这么低。

分析完分数,再结合学科备考特点来看下,数学不需要大量的整理和归类,只需要针对错题或薄弱知识不断练习即可,而政治则需要进行全面统筹,比较复杂。

最终百日冲刺提分科目便定下来了:主攻地理,其次数学,然后是政治,英语、语文、历史保持原有水平即可。

通过这样的安排,在高考的时候,这个孩子总分考了 631 分,其中语文 114 分、数学 136 分、英语 136 分、历史 83 分、政治 83 分、地理 79 分。

第六章

新高考下的志愿填报及后续问题

　　志愿填报意味着一段征程的结束，同时它也是新征程的开始。让一个 18 岁的孩子决定自己未来四年甚至未来十几年的人生，对他们来说太难了，父母应该协助孩子了解不同的专业和院校，在此基础上科学理性填报志愿。

第一节　专业、院校、城市，应该怎么选择

　　专业、院校、城市，哪个更重要？

　　这个时候家长和孩子往往不敢轻易选择，尤其是家长，因为这个选择，承接了孩子多年的苦读，也决定了接下来三四年的生活，甚至接下来的人生如何度过。从某种意义上说，填志愿就是选人生，这个决定很大程度上会影响人的一生。

　　城市、专业、院校，那么到底哪个更重要？

　　想要分析哪个更重要，就要知道它们分别代表着什么。

对于"城市"，吴军老师在《全球科技通史》中说道："王朝更迭、国家兴衰和背后科技的发展有着清晰的两条脉络：能量和信息。"人与人之间最大的竞争就是"优质信息的输入量"，选择城市就意味着选择"信息圈层"。

志愿填报选择中，我把城市分为四种，也就是四个层级。

第一种，超一线城市，主要是北京、上海、广州、深圳。

第二种，仅次于超一线城市的经济发达地区，比如成都、重庆、青岛等。

第三种，普通省会城市。

第四种，有高校的其他城市。

层级越高的城市，背后的优质信息越多，机会也就越大。在层级越高的城市收获的见识也会越多。上大学长知识是一个层面，长见识也是一个层面，眼界决定格局，这正体现了城市的重要性。

对于"专业"，一般分为十三个学科门类，根据学科门类关联性又可以将它们整合为人文科学、社会科学、理论科学、工程科学四大类。

人文科学包含哲学、文学、历史学、艺术学。

社会科学包含经济学、法学、教育学、管理学、军事学。

理论科学是指十三个学科门类中的理学。

工程科学包含工学、农学、医学。

在做专业选择的时候，"热门""高薪""稳定""就业"是家长和学生提及频率最高的四个词。我们需要注意的是，现在是"热门"，未来不一定"热门";同样现在"稳定",未来不一定"稳定";"就业"方面,只要在喜欢的行业,做好了都可能取得高薪。

在做专业选择时,要调整一个认知:不是一考定终生,也不是一个专业做到退休。

在专业的选择上,要么特别笃定,要么就选择更为基础的学科。这是因为底层的基础学科适应性更强,几乎所有的职业都是底层能力的外显。

再来说"院校",在中国,进入更高层次的院校,就意味着有了更多的机会,有了更好的资源,有了更好的圈层。

在中国,大家一般把大学分为四个层级。

第一种,"双一流"大学,比如清华、北大、复旦、上海交大等;

第二种,省重点;

第三种,普通本科;

第四种,专科学校、高职学院。

相比于判断专业未来热不热门,是否具有发展潜力,高校的层级就相对稳定了。对于就业时用人单位看专业还是看学校,我想说的是,很多大公司招人,不会针对某一专业开一场招聘会,更不可能要求本市所有高校的这个专业的学生都来应聘,公司大概率会去层级高的学校招聘,然后对应专业的学生来报名。他们会选择去哪些高校呢?学校的分数线,其实就是他们的筛选器。

了解了城市、专业、院校分别代表什么,那么如何具体选择呢?咨询的时候大概有两种情况,一种是通过咨询和分析后,孩子有了明确的目标和清晰的职业方向，另一种是通过分析有了模糊的目标和方向，但受外界影响经常动摇。

对于有了清晰职业方向和目标的人，我采取的方法一般是由职业和专业的关系倒推，倒推出孩子可以选择的专业。专业优先的前提下，根据专业类型去分析高校和城市的优先级。比如选择工科类专业，专业壁垒比较高，一般要读到研究生，好的高校它的学习氛围学术环境更好，所以这个时候高校优先，其次是城市。如果选择人文社科类学科，比如哲学、历史学、艺术学，它们虽然专业壁垒不高，但对城市要求以及圈层的氛围要求特别高，这个时候排序应该是城市、高校、专业。

另一类人咨询之后仍旧没有一个明确的方向，容易受别人影响，那么他最好的选择方式就是城市、高校、专业，去一个优质信息圈层的城市，进入一个好高校，选择一些基础学科作为专业，这通常是一种稳妥的选择。

关于高考报志愿，"城市""院校""专业"如何排序？每一个家庭都有一种答案，每一个决策都有一种理由，听着都对，但是我们却不能盲从。

第二节　读懂一个流程两个政策，六步生成志愿

填志愿需要先了解录取流程，熟知省内政策和高校政策，然后还要用对方法。

我们先要了解整个高招工作的录取流程。高校招生的录取流程如下图所示。

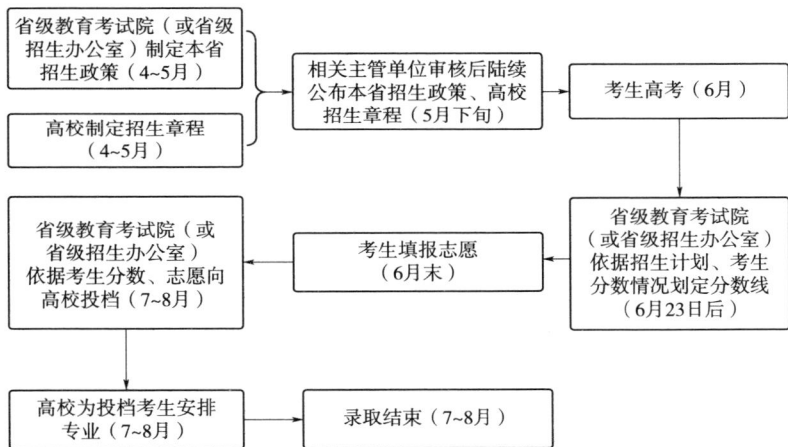

高校招生流程图

高校招生的步骤主要分五步。

第一步,每年4~5月,省级教育考试院(或省级招生办公室)制定本省招生政策,高校制定招生章程;

第二步,每年5月下旬,各省相关部门陆续公布普通高校招生工作规定,高校陆续公布招生章程;

第三步,学生6月初开始高考,6月23日左右开始查分,然后填报志愿;

第四步,考生报完志愿后,省级教育考试院依据考生分数、志愿向高校投档;

第五步,高校按照规则录取学生。

了解好录取流程之后,我们要了解省内招生实施办法和招生章程这两项政策。

省内政策

省内政策,其实就是一个文件,每个省份具体叫法不同,但是内容类似,这个文件规定了某一省份当年有关普通高校具体招生工作的实施方法,登录本省的招生考试院就能看到。

省内政策一般包含报名条件、电子档案库、身体健康状况检查、考试时间、招生章程、志愿录取批次、特殊类型招生、志愿录取规则、志愿填报时间、志愿填报要求等内容。

针对这个文件,家长务必要注意下面三项重要内容。

第一,高考体检标准。一般规定轻度色觉异常(色弱)不能录取颜色波长作为严格技术的专业,比如化学类、化工与制药类等。关于体检问题一定要重视,否则容易出大问题,对于搞不懂的问题,可以咨询高校招生办。关于体检,在《普通高等学校招生体检工作指导意见》基础上高校也可能根据本校的办学条件和专业培养要求,针对学生健康状况提出新的要求。

第二,家长要了解录取批次。每年招生院校都有上千所,每个省份把不同的学校分成了不同的录取批次。录取批次是有顺序的,只有上一个录取批次录取完,下一个录取批次才开始,被前一个批次录取,将不会再参加后续批次录取。

关于录取批次,家长有几个误区。第一,认为不填白不填。有些家长或孩子觉得提前批次空着也是浪费,不如随便填一些学校,但他们并不知道万一被录取,就不能参加下面批次的录取了。第二,认为只有本科一批次,二批次、专科才有用。第三,家长不了解院校层次,一味要分清一本、二本、三本。其实一本、二本、三本就是从录取批次来的,但是现在很多省份合并了本科批次,这个时候就要弄清楚院校等级了。

第三,了解各个批次的志愿设置,每个批次的投档规则。比如能报几所院校?每个院校能报几个专业?是按照"院校专业组"还是"专业(类)+院校"来填报?是平行志愿还是顺序志愿?

要明确的是,平行志愿和顺序志愿是省级考试院向高校投档时使用的规则。平行志愿投档规则是分数优先,遵循志愿,一次投档。

投档前,对同一科类分数线上待投档的考生总分按照从高到低进行排队,分数高的学生优先进行投档,前一名投档完下一名才开始,这就是"分数优先",同分考生会按照招生政策中的小分顺序排队。

顺序志愿是指,投档到具体考生,根据考生所报的志愿顺序(先A后B再C),检索有剩余名额的报考院校。即A未满就录取,A满了看B,直到把考生所有的平行志愿都投出去。

一次投档是指,平行志愿只能进行一轮投档,投出去被前面学校录取后,后面的院校就不能检索了。

顺序志愿遵循的原则是志愿优先,根据分数,多次投档。也就是说,全体录取高校的第一志愿被录取完之后,再进行第二志愿投档,第一和第二志愿在录取时间上不是重叠的。

高校政策

了解了省内政策之后,还要熟知高校政策。

高校政策也就是高校的招生章程。家长和考生往往有一个误区,认为招生简章等于招生章程。招生简章是学校为了宣传招生而设计的宣传材料。招生章程是高校向社会公布的有关招生信息的必要形式,其内容必须合法、真实、准确、表述规范,经主管部门依据国家有关法律和招生政策核定后发布,一经发布,不得擅自更改。

通过招生章程,可以了解学校的全称、校址、层次、办学类型、招生计划分配原则和方法、身体健康要求、学费标准等。

需要注意的是,招生章程具有时效性,一般是一年。通过阳光高考网或者高校本网站进行查询。

投档成功后,高校依据考生填报的志愿和高考成绩来分配专业。各高校的分配原则一般有三种形式,第一种是志愿优先(也叫志愿清),第二种是分数优先(分数清),第三种是专业级差。

志愿优先,是按照投档考生所报考的第一志愿专业分类,在各专业中按照分数排序,根据该专业的招生计划进行录取,多余的人进入等待状态,到第二志愿专业分类继续排队录取,类似于考试院向高校投档的顺序志愿原则。

分数优先,是指按照考生的分数由高到低进行排序,依次录取。前一名录取结束才录取下一名,类似于平行志愿原则。

专业级差,这种方式下考生按照分数高低排队,所有专业同时录取。专业级差是指同一高校的不同专业志愿顺序设置的分数差别。比如某高校招生章程规定专业级差是 3 分、2 分、0 分、0 分,就是指以第二专业志愿录取身份录取时总分降 3 分,以第三专业志愿录取时总分降 5 分。遇到这样的录取方式时,考生在填报高分段专业的同时,还要考虑专业级差与梯度的匹配。

知道了录取流程,了解了省内政策和高校政策,之后就是填报志愿了。如何填报志愿呢?我们以 2022 年某省高考 600 分的学生为例。

第一步,准备报考资料和工具。一般来说,家长在分析以往录取数据的时候,一定要准备好报考工具。

* 2019—2021 年本省考生的一分一段表;
* 2019—2021 年各个高校在本省的投档线。

第二步,明确自己的位次,找到自己今年对应的位次,比如通过 2022 年的一分一段表系统查出 600 分为全省第 15 000 名。

第三步,找到 2019—2021 年对应的等位分,就是指 2019—2021 年第 15 000 名所对应的分数。

第四步,计算出目标院校分数区间,一般总分上冲 20 分,下保 30 分,这一范围内的学校都可报考。以 600 分为例,也就是说往年 570～620 分的学校都可以选择。

第五步,缩小目标院校范围,结合兴趣爱好、性格特点等因素,排除一部分学校。

第六步,设置冲稳保区间,由上到下依次排序,最终确定自己喜欢的学校和专业,并填报。

志愿生成时需要特别注意以下几点:

第一,所选专业和未来职业规划是否匹配？是否真的适合自己,自己是否真的了解这个专业？

第二,在进行保学校时,是否选择本省招生计划比较多的院校？高校按照什么规则录取,志愿清、分数清还是专业级差？

第三,所填批次的录取规则是平行志愿还是顺序志愿？

生成志愿的方法并不难,难的是如何让每一步更加科学。

志愿填报,这个决定对孩子未来的发展影响很大,必须要慎重。

第三节　被不喜欢的专业录取怎么办

很多孩子之所以不喜欢自己的专业是因为他们认为自己的专业属于冷门专业,不好就业。

那么所谓的冷门专业一定就业很难吗？不一定。

根据第三方调查机构麦可思研究院公布,本科专业里面的动画、法学、生物科学、计算机科学技术、英语、国际经济与贸易等十个专业被列为高失业风险的"红牌专业",而这十个专业大多是公认的热门专业。相反,地质工程、水文与水资源工程、矿物质加工工程等就业率却持续走高。

同时大量人才机构调查均得出类似的结论,很多在填报志愿时的热门专业在四年后就业时遭遇冷门,这就是大学专业的"冷热怪圈"现象。

冷门专业不等于就业冷门,热门专业不等于就业热门。

对于专业好不好就业,专业热门度还排不上影响就业因素的前三名。

首先,不同城市的区域优势是决定就业去向的首要因素。如果学校在北、上、广、深,或者长江三角洲等经济发达区域,并且学校在当地的就业口碑不错,那么无论学习什么样的专业也都好就业。

其次,相比于学的是什么专业,企业更加关注面试者真正学到了什么。可能学了一个热门专业,但是如果学得不扎实,根本不能做事,那么很多单位也不会录用。

最后,市场需求变化也会影响就业。

所以如果因为是冷门专业感觉就业难从而不喜欢,大可不必。因为没有人能准确锁定未来,企图用一次选择来锁定未来,只是想用固定的坐标寻求安全感罢了。

当然也有一些人志愿填报的时候被调剂到了自己不喜欢不适合的专业,或者在大学经过一段时间的学习对专业深度了解之后发现并不喜欢。

报志愿被调剂的学生和进入大学学习一两年基础课程的学生,很多都会有一段怀疑自己专业的时期。基础课程枯燥,容易让人失去兴趣。可是去听高年级的专业课,根本消化不了。因此,很多人内心越来越苦恼:这个专业到底适不适合我?

我有一个学生，一直想读机械工程专业，但分数不够被调剂到了计算机专业，他告诉我他总觉得自己对编程、代码、软件没有兴趣，虽然可以学好数学、物理基础课，但是对专业课总是有很强的抗拒感。后来我让他尝试自学了计算机专业在大一、大二的基础课，然后跑到大三、大四的专业课去旁听，结果发现自己还是对专业课没有兴趣，于是我同意他换了专业。

大学换专业的成本不低，换专业之前要知道自己是否真的不喜欢这个专业。在说不喜欢之前，必须先了解这个专业，至少能说出这个专业是学什么的，未来学习什么课程，以及将来能从事什么职业，这些职业能解决什么问题。

如果对专业一无所知，就不是真正的喜欢和不喜欢，有可能是学习时遇到挫折，给自己一个放弃的理由和借口罢了。

如果纠结是否要换专业，可以引导孩子问自己三个问题：

第一，了解现在的专业吗？

第二，了解想调换的专业吗？

第三，社会发展一段时间后需要这种人才吗？

思考之后还是要尽可能地引导孩子培养自己对当前专业的学习热情。也有的孩子尽管读的专业并不是自己喜欢的专业，但是依旧努力学习，最终各项成绩都不错。其实很多时候只是入门慢，并不是和这个专业无缘。如果最终还是确定不喜欢，那么可以考虑换专业。

在换专业之前要引导孩子做以下事情。

（一）了解心仪的专业

1. 对想学的专业进行搜索，了解专业术语，遇到不懂的继续搜索，直到了解大概为止。

2. 在官网查看专业介绍。

3. 去教务系统查阅该专业的专业课、相关目录以及教学大纲，了解专业能解决什么问题。

4. 了解就业渠道，搜索"专业名+就业"，看看能有什么启发。

5. 请教师兄师姐对专业的看法。

6. 关注回学校做讲座的校友，尤其是那些有影响力的校友，抓住讲座机会向他请教。

7. 最好找一个行家向他请教。

（二）熟悉转专业的规则

专业不是说转就能转的，要了解具体规定。每个学校都会出台有关的专业文件，一般会发布在学校官网、教务网站或学生手册上。

正式发布的文件比道听途说的传闻要靠谱，学校官网信息比学长学姐口述的消息更准确。有不明白的问题一定要及时问。

一定要了解的，比如：

1. 转专业的比例是多少？

2. 是否需要参加统一考试？

3. 考试时间是什么时候？

4. 对原专业的 GPA 或成绩有没有要求？

这些问题将直接影响转专业的准备工作。高手可以输在技巧上，但是不能输在规则上。

当然，学校每年的转专业规定有可能不一样，但不要等文件发布才开始行动。学校流程每年都差不多，可以先参考上一年的转专业通知，等新文件发布后再对照。

（三）转专业之后，加快学习进度

在转专业之前，不仅需要做很多的准备工作，还要把自己本专业的课程学好。一般大学规定，学习成绩要在原专业的前20%。

有同学就很郁闷：我不就是因为学不好才想转专业吗？要是能考入前20%还转什么？

殊不知，大学的学习逻辑就是不论喜不喜欢某个专业，你都应该有良好的学习能力把它学好。

转专业成功后，更要加倍努力。一般转专业会安排在第一学年结束，也就是说，你比其他同学落后一个学年，所以你必须用剩下的三年完成别人四年的课程。

转专业并不意味着从头开始，公共学分是直接认定的，专业课的学分也可以转为选修课的学分。

除了转专业之外，还有一个方法，那就是修双学位。它可以在不转专业的前提下，再学习一个专业。这个时候可以关注学校的双学位或者双专业辅修制度。

双学位是指在获得第一学士的基础上，全日制再主修另外一门本科专业，达到本校规定后授予第二学士学位。

大学没有围墙，除了专业规定的要学习的课程外，你还有很多拓展视野、拓宽知识面的方式。比如可以去"蹭"想听的课、上选修课、听讲座,也可以自学。

第四节　要不要复读

2022 年高考数据显示,高考报名人数高达 1 100 多万人,其中有近 200 万复读生,大约占总人数的 17%。

每年志愿填报完之后,最热的话题似乎就是应不应该复读。甚至有的学生在刚高考完,成绩还没出来就想着复读了。

印象最深的是一个山东学生,他复读了三年,但高考政策变了,由原来的老高考变成了新高考,从原来的 6 个志愿变成了 96 个志愿,复读三年,他最终去了和没复读一样的大学。

当然,也有学生通过复读走向自己理想大学的案例。

那么到底该不该复读呢?

很多人之所以选择复读,一方面是因为性格要强,认为复读一年就能得到满意的成绩上到理想的大学;另一方面也与自己对学历和能力的认识不够有关,认为有了学历才能有一份好工作。

学历并不等于能力。对于找工作而言,学历在一定程度上代表了被选择的概率。如果说学历是第一份工作的敲门砖,那么能力往往是工作中重要的一片瓦。

能力足够强也有机会进入到一个好公司。随着社会的发展,展示能力的机会越来越多。但是很多孩子并不了解学历到底代表着什么,他们过于看重学历,有限的认知让他们认为只有上一所好学校才可以开启一段好人生。

如果复读是为了拿一个好学历,然后找一个好工作,那就要谨慎考虑了。首先复读到底能提多少分,这个是未知的。很多孩子复读能提 50 分已经不错了;就算能多考 100 分,如果还是很难进入一个好学校呢？最终还不如在高校好好学专业,早点找个能锻炼人的单位,在工作中积累经验,不断提升自己的能力,培养自己的职业素养。有能力,比有学历更重要。

选择复读的人中还有一部分,他们认为自己高一或高二没好好学,到了高三才努力,只要再给他一次机会,他一定能考好。

也有一小部分人,平时考得很好,在高考的时候突然发挥失常,所以想复读一年再考一次。

那么到底应不应该复读？

每个人的情况不同,我们需要综合分析判定。首先分析为什么没考好？多学一年到底能提高多少分？客观分析目前分数、学习情况、各科学习优势劣势。

具体来讲,选择复读之前要思考以下问题:

1. 成绩与平时相比,是否有比较大的落差？是否发挥失常？

2. 回顾过去一年的学习状态,自己是否认真？

3. 最差的科目是什么？

4. 与理想分数差多少？

5. 花费一年的时间是否能有比较大的提升？

6. 是孩子自己想复读,还是父母想让孩子复读?

如果成绩与平时有很大的落差,并且是因为没有发挥出自己的真实水平而导致的,那么要进一步分析为什么没有发挥好,是心理原因还是因为突发了什么情况? 如果是心理原因,那么可以找专业的咨询老师去咨询,以防复读后还会出现同样的情况;如果是因为遇到了不可避免的突发事件,那么可以去咨询一下原来的高中老师,让老师给出建议,之后再做下一步打算。

孩子自己预测复读后的分数或者提分空间,很多时候并不客观,最好咨询一下学科老师。

另外,复读还要从经济角度考虑。作为父母,你们支持孩子复读吗? 复读费用是否会对家庭造成较大的压力? 如果某一门偏科,那么针对薄弱科目进行补习大概需要花费多少?

最后,复读之前还要引导孩子提前了解复读可能遇到的问题:

第一,以前的同学大多都去读大学了,压力好大。以前的同学都进入了大学,与他们相比,自己落下了一整年,压力越来越大。

第二,努力之后成绩没有明显提升,孩子可能会自我怀疑,到底有没有做对选择。

第三,对孩子来说,可能周围的一切都是新的,没人认识他,会很不习惯。

第四,复读本是孩子自认为实现梦想的途径,但到了别人嘴里,可能一下子就变味了,孩子能否接受别人的眼光。

第五,很有可能再次失败,万一孩子复读再考不好,应该如何面对?

高三和高四,有本质上的区别。高三只是高强度,从高强度的高三几乎不加休息地投入更高强度的高四,除了压力之外,还有更多的疲惫。

其实对于复读来说,最重要的是心态。全面分析了上一次高考的失误,思考了复读的问题,也获得了支持,如果最终做出了复读的决定,就一往无前,不犹豫,不纠结,踏踏实实一步一步地完成它。不论最后成与败,这个过程都会让孩子变得更强大,这才是真正的成长。

第五节　除了高考，还有几次
"改变人生"的机会

咨询做久了,于是做了专门的大学专栏。做专栏后收到很多读者来信,无论哪一封信几乎都绕不开"我选了不喜欢的专业""我高考失利了,后悔没有复读""真后悔高考听了父母的话"。

看到这样的内容,我一般都会回复两句话,第一句是"高考的成功又代表着什么",第二句是"一个人竟然因为一次投球崴了脚,就放弃了整个赛季"。

高考能不能决定一生,这是我们首先要明确的问题。

高考只是人生的一个关键节点,在漫长的人生道路上,一个节点的输赢并不能代表什么。不能因为一次投球崴脚,就放弃整个赛季,也不能因为一次投球命中,就认为赢了人生。你见过哪个30岁后的人是用高考或学校来证明自己优秀的?

高考之后，改变命运的机会还有很多，说不准哪一次选择就改变了你的人生。

高考考了一个不太满意的分数，不过几天之后，就又有一次改变人生的机会：根据考的分数选择一个地域、一所学校和一个专业。这考验孩子的眼光、孩子对自己的了解程度和对整个社会趋势的判断。在一个喜欢的城市，在适合孩子自己的专业里做一个优胜者，这也是一种很好的选择。

紧接着，就在开学之际，孩子又有了下一次机会：第一天上学，这里谁都不认识谁，如果孩子愿意，完全可以做一个孩子喜欢的自己！

大一，有人去游戏厅，有人去学生会，有人去企业实习，有人去自习室，三年后这些选择会带来不同的结果，这又是一次改变人生的机会。

漫漫人生路上，每隔一段时间，便会出现与高考类似的关键节点，只不过它们都不叫高考，不能量化，没有标准。

有没有想过，真正限制我们的，其实是我们自己。

不畏将来，不念过去，坚定选择，踏踏实实走好每一步，这样的人生不会错。

高考只是人生路上的一个关键节点，无论成功和失败，它都不是人生的全部。高考只是人生的一个赛季，后面还有无数个赛季。